见识城邦

更新知识地图　拓展认知边界

BIG HISTORY

万物大历史

气候对人类历史产生了什么影响

[韩]金基明 [韩]方美廷 著 [韩]郑元桥 绘 韩晓 古栋 译

中信出版集团|北京

图书在版编目（CIP）数据

气候对人类历史产生了什么影响/（韩）金基明，
（韩）方美廷著；（韩）郑元桥绘；韩晓，古栋译. --
北京：中信出版社，2023.1
（万物大历史）
ISBN 978-7-5217-4381-4

Ⅰ.①气… Ⅱ.①金… ②方… ③郑… ④韩… ⑤古
… Ⅲ.①气候变化－影响－社会发展史－青少年读物
Ⅳ.①K02-49

中国版本图书馆 CIP 数据核字（2022）第 077584 号

Big History vol. 16
Written by Kimyung KIM, Mijung BANG
Cartooned by Wonkyo JUNG
Copyright © Why School Publishing Co., Ltd.- Korea
Originally published as "Big History vol. 16" by Why School Publishing Co., Ltd., Republic of Korea 2019
Simplified Chinese Character translation copyright © 2023 by CITIC Press Corporation
Simplified Chinese Character edition is published by arrangement with Why School
Publishing Co., Ltd. through Linking-Asia International Inc.
All rights reserved.
本书仅限中国大陆地区发行销售

气候对人类历史产生了什么影响
著者： [韩]金基明 [韩]方美廷
绘者： [韩]郑元桥
译者： 韩晓 古栋
出版发行：中信出版集团股份有限公司
（北京市朝阳区惠新东街甲 4 号富盛大厦 2 座 邮编 100029）
承印者： 天津丰富彩艺印刷有限公司

开本：880mm×1230mm 1/32 印张：6 字数：115 千字
版次：2023 年 1 月第 1 版 印次：2023 年 1 月第 1 次印刷
京权图字：01-2021-3959 书号：ISBN 978-7-5217-4381-4
定价：68.00 元

版权所有·侵权必究
如有印刷、装订问题，本公司负责调换。
服务热线：400-600-8099
投稿邮箱：author@citicpub.com

大历史是什么？

　　为了制作"探索地球报告书"，具有理性能力的来自织女星的生命体组成了地球勘探队。第一天开始议论纷纷。有的主张要了解宇宙大爆炸后，地球是从什么时候、怎样开始形成的；有的主张要了解地球的形成过程，就要追溯至太阳系的出现；有的主张恒星的诞生和元素的生成在先，所以先着手研究这个问题。

　　在探索过程中，勘探家对地球上存在的多样生命体的历史产生了兴趣。于是，为了弄清楚地球是在什么时候开始出现生命的，并说明生命体的多样性和复杂性，他们致力于研究进化机制的作用过程。在研究过程中，他们展开了关于"谁才是地球的代表"的争论。有人认为存在时间最长、个体数最多、最广为人知的"细菌"应为地球的代表；有人认为亲属关系最为复杂的白蚁才是；也有人认为拥有最强支配能力的智人才是地球的代表。最终在细菌与人类的角逐战中，人类以微弱的优势胜出。

　　现在需要写出人类成为地球代表的理由。地球勘探队决定要对人类怎样起源、怎样延续、未来将去往何处进行调查和研究，找出人类的成就以及影响人类的因素是什么，包括农耕、城市、帝国、全球网络、气候、人口增减、科学技术和工业革命等。那么，大家肯定会好奇：农耕文化是怎样促使人类的生活产生变化的？世界是怎样连接的？工业革命是怎样改变人类历史的？……

地球勘探队从三个方面制成勘探报告书，包括："从宇宙大爆炸到地球诞生"、"从生命的产生到人类的起源"和"人类文明"。其内容涉及天文学、物理学、化学、地质学、生物学、历史学、人类学和地理学等，把涉及的知识融会贯通，最终形成"探索地球报告书"。

好了，最后到了决定报告书标题的时间了。历尽千辛万苦后，勘探队将报告书取名为《万物大历史》。

外来生命体？地球勘探队？本书将从外来生命体的视角出发，重构"大历史"的过程。如果从外来生命体的视角来看地球，我们会好奇地球是怎样产生生命的，生命体的繁殖系统是怎样出现的，以及气候给人类粮食生产带来了哪些影响。我们不禁要问："6 500万年前，如果陨石没有落在地球上，地球上的生命体如今会怎样进化？""如果宇宙大爆炸以其他细微的方式进行，宇宙会变成什么样子？"在寻找答案的过程中，大历史产生了。事实上，通过区分不同领域的各种信息，融合相关知识，并通过"大历史",我们找到了我们想要回答的"宇宙大问题"。

大历史是所有事物的历史,但它并不探究所有事物。在大历史中,所有事物都身处始于137亿年前并一直持续到今天的时光轨道上,都经历了10个转折点。它们分别是137亿年前宇宙诞生、135亿年前恒星诞生和复杂化学元素生成、46亿年前太阳系和地球生成、38亿年前生命诞生、15亿年前性的起源、20万年前智人出现、1万年前农耕开始、500多年前全球网络出现、200多年前工业化开始。转折点对宇宙、地球、生命、人类以及文明的开始提出了有趣的问题。探究这些问题,我们将会与世界上最宏大的故事相遇,宇宙大历史就是宇宙大故事。

因此,大历史不仅仅是历史,也不属于历史学的某个领域。它通过开动人类的智慧去理解人类的过去和现在,它是应对未来的融合性思考方式的产物。想要综合地了解宇宙、生命和人类文明的历史,就必然涉及人文与自然,因此将此系列丛书简单地划分为文科和理科是毫无意义的。

但是,认为大历史是人文和科学杂乱拼凑而成的观点也是错误的。我们想描绘如此巨大的图画,是为了获得一种洞察力,以便贯穿宇宙从开始到现代社会的巨大历史。其洞察中的一部分发现正是在大历史的转折点处,常出现多样性、宽容开放、相互关联性以及信息积累的爆炸式增长。读者不仅能通过这一系列丛书，在各本书也能获得这些深刻见解。

阅读和学习"万物大历史"系列丛书会有什么不同呢？当然是会获得关于宇宙、生命和人类文明的新奇的知识。此系列丛书不是百科全书，但它包含了许多故事。当这些故事以经纬线把人文和科学编织在一起时，大历史就成了宇宙大故事，同时也为我们提供了一个观察世界、理解世界的框架。尽管想要形成与来自织女星的生命体相同的视角可能有点困难，但就像登上山顶俯瞰世界时所看到的巨大远景一样，站得高才能看得远。

但是，此系列丛书向往的最高水平的教育是"态度的转变"，因为通过大历史，我们最终想知道的是"我们将怎样生活"。改变生活态度比知识的积累、观念的获得更加困难。我们期待读者能够通过"万物大历史"系列丛书回顾和反省自己的生活态度。

大历史是备受世界关注的智力潮流。微软的创始人比尔·盖茨在几年前偶然接触到了大历史，并在学习人类史和宇宙史的过程中对其深深着迷，之后开始大力投资大历史的免费在线教育。实际上，他在自己成立的BGC3（Bill Gates Catalyst 3）公司将大历史作为正式项目，之后还与大历史企划者之一赵智雄的地球史研究所签订了谅解备忘录。在以大卫·克里斯蒂安为首的大历史开拓者和比尔·盖茨等后来人的努力下，从 2012 年开始，美国和澳大利亚的 70 多所高中进行了大历史试点项目，韩国的一些初、高中也开始尝试大历史教学。比尔·盖茨还建议"青少年应尽早学习大历史"。

经过几年不懈努力写成的"万物大历史"系列丛书在这样的潮流中，成为全世界最早的大历史系列作品，因而很有意义。就像比尔·盖茨所说的那样，"如今的韩国摆脱了追随者的地位，迈入了引领国行列"，我们希望此系列丛书不仅在韩国，也能在全世界引领大历史教育。

李明贤　　赵智雄　　张大益

祝贺"万物大历史"系列丛书诞生

大历史是保持人类悠久历史,把握全宇宙历史脉络以及接近综合教育最理想的方式。特别是对于21世纪接受全球化教育的一代学生来讲,它显得尤为重要。

全世界范围内最早的大历史系列丛书能在韩国出版,并且如此简洁明了,这让我感到十分高兴。我期待韩国出版的"万物大历史"系列丛书能让世界其他国家的学生与韩国学生一起开心地学习。

"万物大历史"系列丛书由20本组成。2013年10月,天文学者李明贤博士的《世界是如何开始的》、进化生物学者张大益教授的《生命进化为什么有性别之分》以及历史学者赵智雄教授的《世界是怎样被连接的》三本书首先出版,之后的书按顺序出版。在这三本书中,大家将认识到,此系列丛书探究的大历史的范围很广阔,内容也十分多样。我相信"万物大历史"系列丛书可以成为中学生学习大历史的入门读物。

大历史为理解过去提供了一种全新的方式。从1989

年开始,我在澳大利亚悉尼的麦考瑞大学教授大历史课程。目前,在英语国家,大约有50所大学开设了大历史课程。此外,在微软创始人比尔·盖茨的热情资助下,大历史研究项目团体得以成立,为全世界的青少年提供免费的线上教材。

如今,大历史在韩国备受关注。2009年,随着赵智雄教授地球史研究所的成立,我也开始在韩国教授大历史课程。几年来,为促进大历史在韩国的传播,我们付出了许多心血,梨花女子大学讲授大历史的金书雄博士也翻译了一系列相关书籍。通过各种努力,韩国人对大历史的认识取得了飞跃式发展。

"万物大历史"系列丛书的出版将成为韩国中学以及大学里学习研究大历史体系的第一步。我坚信韩国会成为大历史研究新的中心。在此特别感谢地球史研究所的赵智雄教授和金书雄博士,感谢为促进大历史在韩国的发展起先驱作用的李明贤教授和张大益教授。最后,还要感谢"万物大历史"系列丛书的作者、设计师、编辑和出版社。

2013年10月

大历史创始人　大卫·克里斯蒂安

THE BIG HISTORY

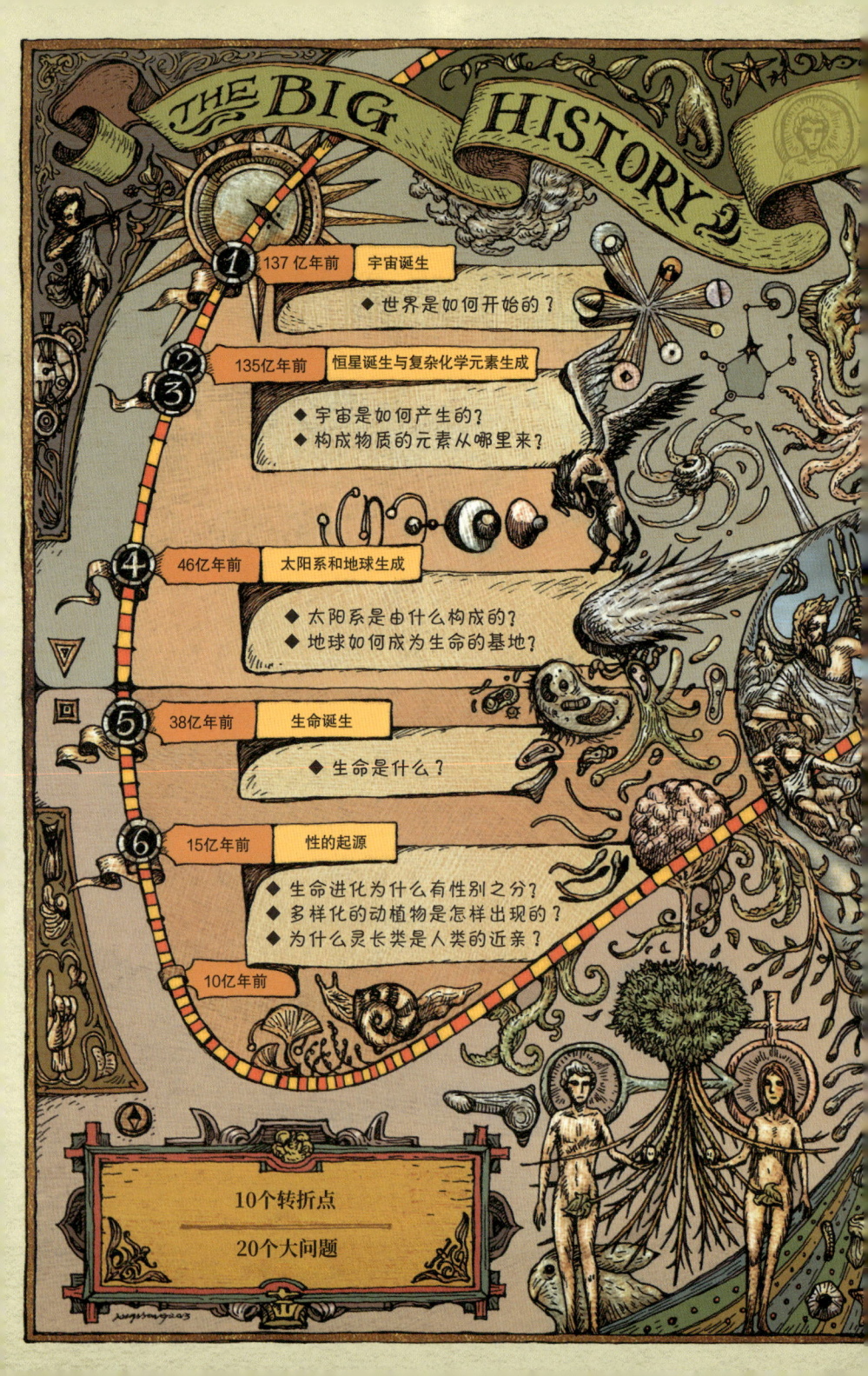

① 137亿年前 — 宇宙诞生
  ◆ 世界是如何开始的？

②③ 135亿年前 — 恒星诞生与复杂化学元素生成
  ◆ 宇宙是如何产生的？
  ◆ 构成物质的元素从哪里来？

④ 46亿年前 — 太阳系和地球生成
  ◆ 太阳系是由什么构成的？
  ◆ 地球如何成为生命的基地？

⑤ 38亿年前 — 生命诞生
  ◆ 生命是什么？

⑥ 15亿年前 — 性的起源
  ◆ 生命进化为什么有性别之分？
  ◆ 多样化的动植物是怎样出现的？
  ◆ 为什么灵长类是人类的近亲？

10亿年前

10个转折点

20个大问题

TIME-LINE

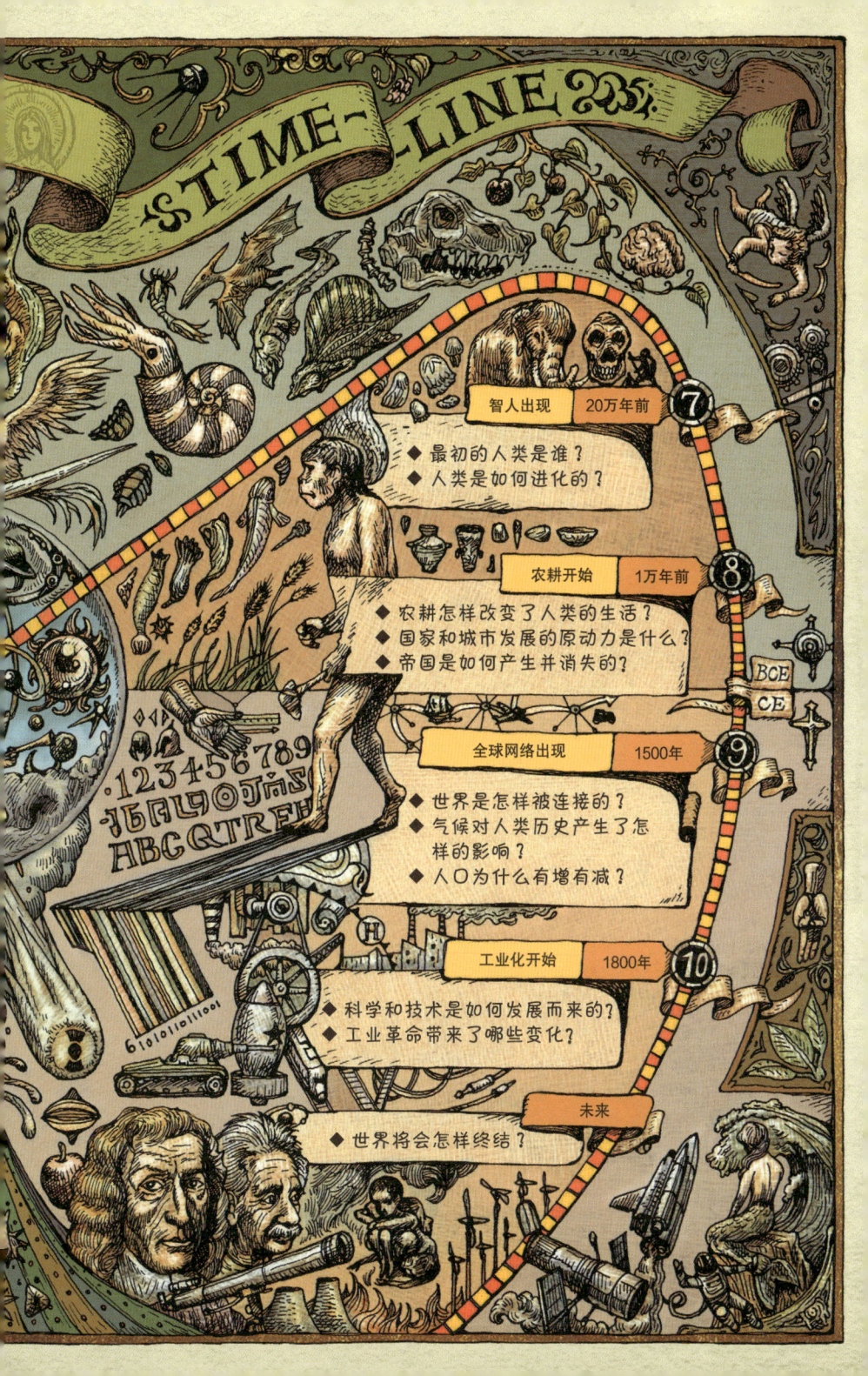

智人出现 | 20万年前 — 7
- 最初的人类是谁？
- 人类是如何进化的？

农耕开始 | 1万年前 — 8
- 农耕怎样改变了人类的生活？
- 国家和城市发展的原动力是什么？
- 帝国是如何产生并消失的？

全球网络出现 | 1500年 — 9
- 世界是怎样被连接的？
- 气候对人类历史产生了怎样的影响？
- 人口为什么有增有减？

工业化开始 | 1800年 — 10
- 科学和技术是如何发展而来的？
- 工业革命带来了哪些变化？

未来
- 世界将会怎样终结？

目录

引言　我们所了解的气候　　*1*

1

没有人类的过去

复原古气候　　*13*
从没有氧气的时代到生命大爆发　　*17*
生物大灭绝和新的机遇　　*20*

拓展阅读

气候系统的组成要素　*22*

❷ 导致大灭绝的全球性气候变化

冰封的地球　　29
燃烧的地球和消失的夏天　　40
全球变暖与海平面上升　　45
停止运动的大海　　52

❸ 从狩猎-采集到农耕

耐寒的植物——仙女木　　65
种植农作物与驯养动物　　68
柯本气候分类法　　70
1万年间的气候变化　　73
人类文明的黎明　　76

恩索　　57

4

冰与火的文明史

寒冷干燥期，早期地中海文明的衰落　　82

罗马温暖期，连接大帝国的丝绸之路　　87

持续300年的干旱和玛雅文明的崩溃　　93

气候最适宜期发出的异常信号　　97

拓展阅读

长白山与拉基火山　　107

5

人类世与导火索

"死日"和大洋传送带的不正常运转　　114
坦博拉火山爆发与无夏之年　　117
克服残酷时代的突破口　　122
大加速时代　　127

席卷朝鲜半岛的寒流　　136

6

人类造成的全球变暖时代

全球变暖导致全世界进入紧急状态　　*142*

1.5℃的危机与机遇　　*146*

应对大风险的态度　　*150*

我们知道　　*152*

从大历史的观点看"气候与人类历史"　　*165*

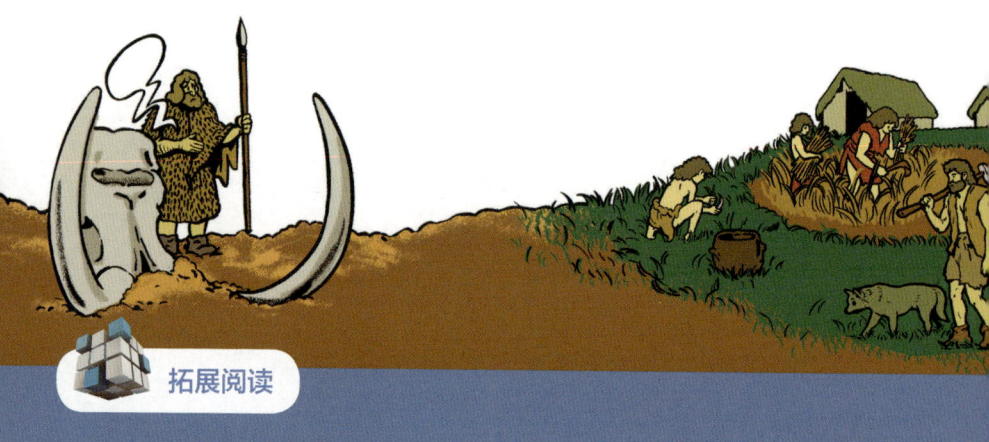

拓展阅读

雾霾与无法忽视的真相　　*159*

引言

我们所了解的气候

在意大利画家波提切利的作品《维纳斯的诞生》中，主人公维纳斯被西风之神泽费罗斯徐徐吹向岸边，在那里，春之女神为她披上了用花朵点缀的美丽衣裳。在希腊和罗马神话中，有很多与天气或气候有关的神。

不仅如此，在南美洲阿兹特克文明中也有神掌管天气的神话传说。特拉洛克意为"来自土地"，他是墨西哥古代神话中的雨神，主宰降雨，甚至还掌管死于瘟疫的灵魂。可以说，在全世界的文化圈中都不约而同地流传着各种有关气象变化的神话。虽然天气和气候是人类生活中非常重要的因素，但由于其复杂多变、难以预测，古人将其归为神掌控的领域。在形成对气候的科学记录和学术研究以前，人类能做的只有建造神殿、祭祀和祈祷。

15 世纪画家波提切利的作品《维纳斯的诞生》。画中描绘了在大海中诞生的维纳斯登陆海岸的情形

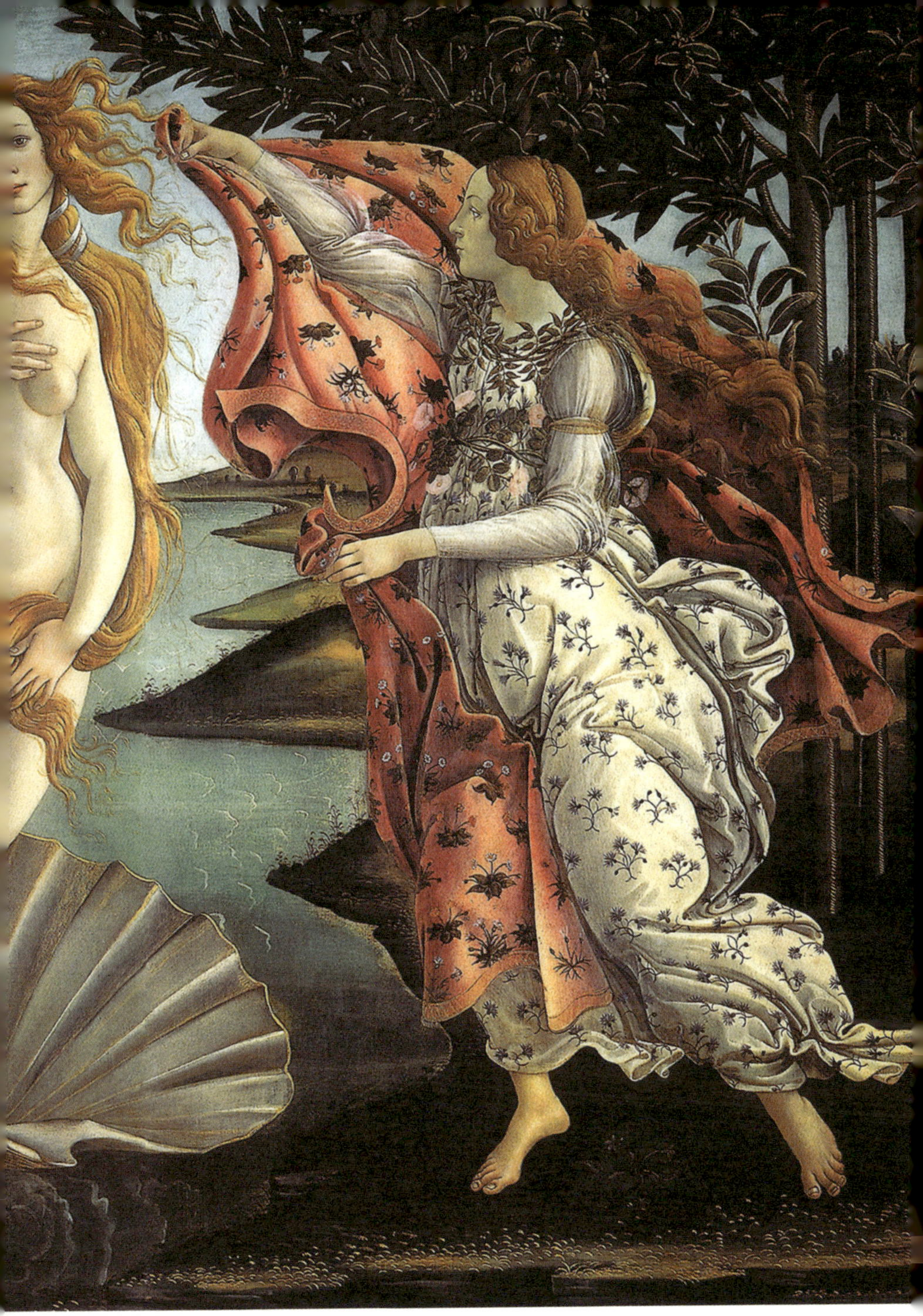

但随着人类与环境相互作用的方式逐渐发生变化，我们对环境的认识也开始发生改变。在本书中，我们将从大历史的观点分析人类登上历史舞台后，对环境的认识发生了怎样的改变。

600多万年前，人类的祖先从树上来到地面，开始直立行走。此后的数百万年间，在适应环境变化的同时，人类本身也一点点进化。人类的祖先居住在非洲时，曾和其他动植物一样，需要适应环境。但20万年前，聪明伶俐、具有说话能力的智人出现了。他们为了在严酷的环境中生存，开始利用人类的特性实现新的飞跃。

此后，人类的祖先离开非洲，散布到世界各地。为了生存，他们开始制作一些复杂的工具，用语言进行沟通，并通过远程贸易维持群体间的关系，通过社交提高生存的可能性。其中，交际能力很强的智人灵活运用上一代传授的知识和信息，革新技术，大大改善了生活方式。并且，他们运用自身的想象力和创造力，在与他人共享文化的同时，还培养了自身的情感共鸣能力，增强了群体的凝聚力，提高了团结意识。

人类发展的历程虽然缓慢，但始终向前，并经历了大飞跃的时代。此后，人类掌握了高端的技术和知识，不再一味地被动适应环境，而是学会了灵活运用环境和资源。

人类曾和其他动植物一样，为了生存而孤军奋战，如今他们将自己积累的经验和知识通过集体学习的形式传授给下一代。从此，人类的生活方式从狩猎-采集变成以农耕为主，过上了定居生活。

从大历史的观点来看，1万年前，人类开始农耕生活，这被看作重大的转折点之一。因为在农耕生活开始之前，人类和其他动植物毫无区别，仅仅是依赖自然环境获取生存所需的能量，但以农耕生活的开始为起点，人类摆脱了原有的生活方式，学会了利用环境和驯养动植物。

人类密切观察并记录了随着自然环境的变化，动植物的生存环境所发生的改变。创造了人类早期文明的苏美尔人花了数百年时间研究自然现象，积累天文观测资料，发明了最早的历法。后来，在此基础上，巴比伦人又增加了日和月的概念，这就是我们现在使用的日历。

公元前700年左右，希腊哲学家赫西俄德创作了一篇名为《工作与时日》的长诗。诗中写道："10月末11月初，当昴宿星团躲避猎户座的巨大力量而躲入平静的大海时，各种风暴必定开始肆虐，夏至后50天左右，漫长的酷暑就会结束。"诗中还写道："要注意来自云层上的白鹤的第一声鸣叫，这是耕田的信号，提示雨季里的干燥期开始。"像这样，诗中将观测到的天文现象与特定的日子联系起来，为农民的耕作提供了一定的指导。

之后，泰勒斯摆脱了神话和宗教的概念，对日出、日落、月食、洪水等自然现象做出了合理的解释。他主张水飘散则成云雾，水凝结则成冰。据说，泰勒斯还曾准确预测过橄榄丰收年，并因此获得了一笔可观的收益。从此以后，人们对环境的认识开始发生实质性的变化。

公元前340年左右，亚里士多德编写了《气象学》，介绍了泰勒斯的气象知识，并记录了自己对气象的看法。这是有关"气象学"的最早的文字记载。书中对闪电、不同地区不同季节降雨量的差异、云层高度和凝结程度之间的关系、风向和风速等都做出了详细的解释和说明。

气象
大气中的冷、热、干、湿、风、云、雨、雪、霜、露、雾、雹、声、光、电磁等各种物理状态和物理、化学现象的统称。

人类为了获得更多的作物和能量，对动植物进行筛选并驯化。此外，人类还利用已掌握的技术发明新的工具，从而实现了农耕技术的革新。气象对农耕产生了巨大的影响，但在很长一段时间里，人类对气象的认识只停留在占星术和祈福的领域。直到16世纪，人类才真正进入科学的领域。到了19世纪，人类在意味着短期变化的"天气"概念中增加了意味着长期变化的"气候"

概念，首次对气候进行了分类。现如今，天气预报的可信度之所以还不是很高，是因为测量和预测天气、气候变化的过程比较复杂，不确定性很大。

在大历史中，将人类与环境关系变化最明显的时期称为"人类世"。机器出现，工业化时代开始后，人类消耗的能源量急剧增加，曾是生态系统一部分的人类开始影响整个生态系统。人类开始燃烧深埋于地下的煤炭、石油等化石燃料，大量排放二氧化碳等温室气体，制造了以前不存在的化学物质。不仅如此，人类为了实现高产，甚至不惜改变或重组生命体的遗传基因。自然界也随之出现了一系列前所未有的变化。

人类为了自身方便，发展了以技术为中心的高度文明。在文明的阴影之下，气候和环境处于史无前例的变化之中。温室气体和气溶胶加剧了全球变暖，厄尔尼诺现象、拉尼娜现象等极端天气和自然灾害也不断增多。技术文明被当作地震、超强台风、极端寒潮、长期干旱和酷暑、令人束手无策的大型火灾以及严重雾霾天气等大型灾难的元凶。就连一直被认为不在人类掌控中的气候，也因人类活动而发生了改变。对于人类活动引起的气候变化，我们不能再置之不理了。

说到这里，我要强调一点。有人认为，气候已经彻底颠覆或改变了文明。这些人还主张，气候造就了民族特性或人种差异，甚至可以决定文明的发展程度。这种气候决定论还曾被用来证明欧洲中心主义、帝国主义以及种族主义的合理性。因此，对于气候学家和历史学家来说，"气候决定论"是禁忌。事实上，随着对以往气候的了解不断深入，气候变化对文明的影响也逐渐凸显出来。但需要铭记的是，人类文明的特性在于，人类并没有停留在被既有环境支配或适应既有环境的层面上，而是凭借自身的意志力和努力克服环境的制约，并获得了发展。在人类文明衰退或崩溃的过程中，气候等环境条件起到了导火索的作用。

接下来，我们将从大历史的观点出发，进一步了解气候变化对地球历史和人类文明兴衰产生了什么影响。

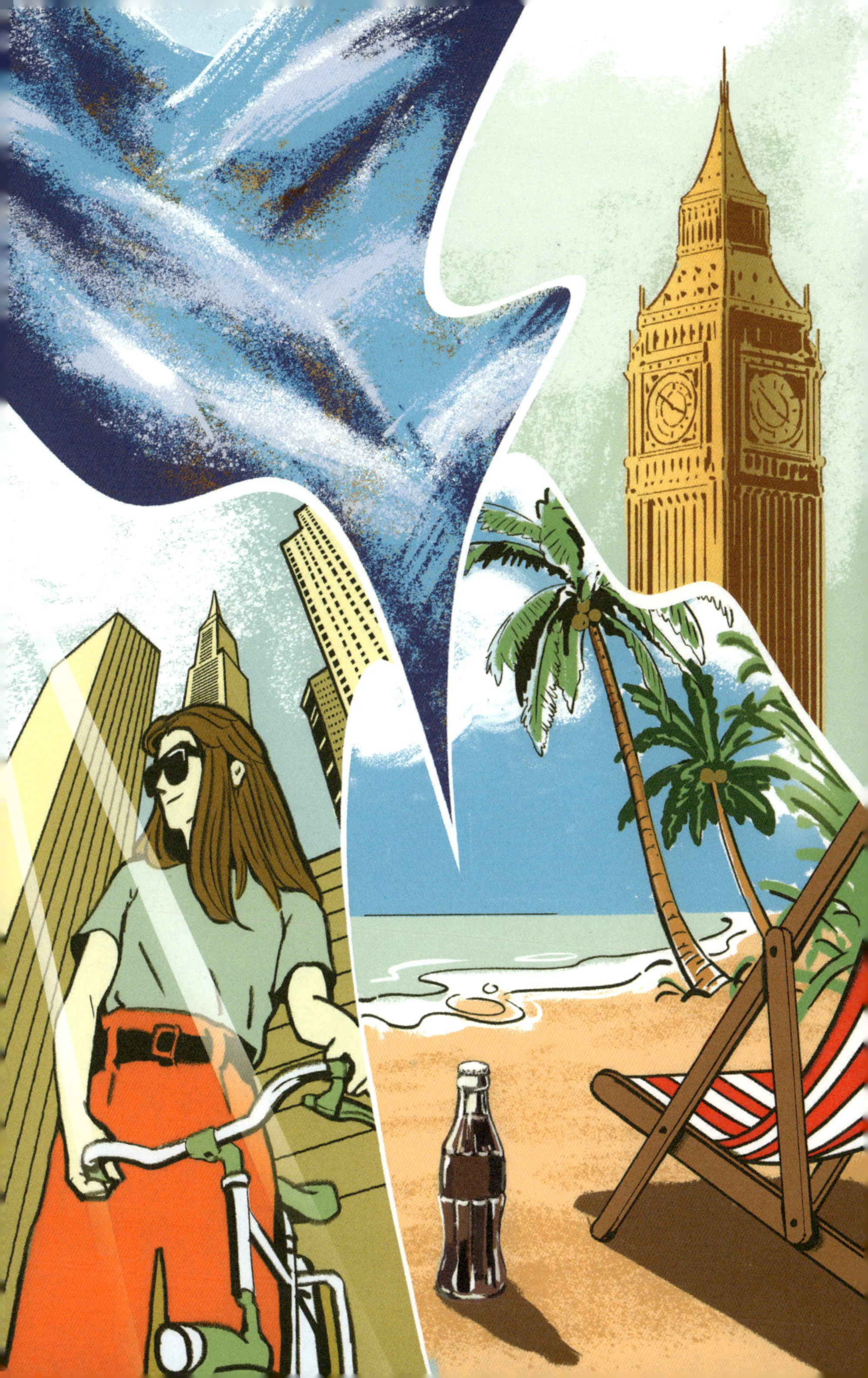

1

没有人类的过去

在分析地球气候变化之前,我们先回到地球最初形成的时期看一看吧。46亿年前,绕着太阳转动的石块相互吸引、聚合,形成了地球。原始地球刚刚诞生时,如同沸腾的岩浆,处于高温状态,没有我们现在脚踩的坚硬的土地等物质,连水也无法以液态形式存在,地球还因水蒸气产生的温室效应而变得更热。直到大小变得和现在差不多时,整个地球才慢慢冷却下来,逐渐形成了薄薄的表层。岩浆海洋在逐渐冷却的过程中散发出气体,形成了包围地球的大气层。此后,大气温度不断下降,终于迎来降雨,形成了原始海洋。但此时,地球的环境依然不适宜生命体生存。

地球之所以能成为生命的家园,是因为太阳和地球

金发姑娘条件
指不多也不少，刚好适合的状态或条件。

之间的距离、地球的大小、大气的成分、海洋的大小等多种要素都非常符合"金发姑娘条件"。这些要素对地球维持较为适宜的表面温度起到了关键作用，从而保证了覆盖地球表面70%的海洋的存在。海洋是保证生命体生存所必需的水的来源。

海洋和大气使地球上的空气和水分不断循环，从而造就了各地区不同的气候特征，同时，又使地球上的气候整

气象学与气候学
气象学研究的是一定区域短期的大气现象，而气候学研究的则是一定区域长期的气候特征。气象学的研究领域包括对流层以上的大气现象，因此它属于大气科学的一种。而气候学则以地表到对流层为中心，研究大气状态、洋流、太阳辐射能等在较长时间内对天气现象产生影响的要素。气候学包括：以特定地区为中心，研究其不同于其他地区的气候特征的小气候学；对气温、气压、湿度、风速等气象要素进行统计，并分析它们之间关系的物理动力气候学；通过对气候变化的模拟实验来预测天气的动态气候学；聚焦气候和天气变化导致的生物变化对人类的影响程度的物候学；研究地球气候变化历史的古气候学等。

12　气候对人类历史产生了什么影响

体保持稳定。由液体构成的海洋和由气体构成的大气之间发生对流运动。所谓"对流",是液体或气体遇热后,被加热的部分膨胀,密度较小的部分上升,而密度较大的部分下降的现象。要理解因洋流或大气循环而产生的风和云等气象现象,必须先了解这一原理。

地球是由大气和地壳(大陆和海洋)、地球内部(内核、外核、地幔)组成的,它们之间相互作用,像一个不断运转的巨大的机械装置。地球一方面利用内部释放的热量使地幔和板块移动,另一方面利用外部的太阳能来维持自身的生态系统。人类也只是活跃的地球生态系统的一部分。即使在没有人类的过去,地球的系统也一直在运行。接下来,我们将从原始地球开始,探究地球的气候发生了怎样的变化,思考我们可以从过去的气候中获得什么启示。

复原古气候

我们怎样才可以了解很久以前的气候呢?研究过去的气候变化,预测未来气候变化的学问被叫作古气候学。古气候学家在研究人类尚未出现,即没有观测资料和气象日记的时代,会运用地球上的档案,如冰川、沉积物、年轮、化石等承载着有关气候的痕迹的替代性指标。

替代性指标
指为推断过去的气候变化，以物理学、生物学原理为基础，分析气温、降水量、大气状态的间接资料。古代的花粉成分、年轮的状态、珊瑚化石的特性、冰芯中提取的各种数据，都可以被用作古气候的替代性指标。

我们可以通过冰川移动堆积在黄土层上的沉积物确认冰期，还可以通过海底沉积物中的生物化石获取数百万年前的气候资料。特别是在海底沉积物中发现的孔虫化石，我们可以通过它们的壳推断其出现的时期，还可以通过发现不同温度下产生的不同类型的壳，来推测冰期和间冰期出现的时期。

冰川比黄土和海底沉积物更能明确地推测时期，因为冰川是由相应时期的雪结冰而成的，较好地保存了与大气状态和气象环境有关的物质。冰川形成或融化时，地壳隆起，海平面会发生变化，形成海岸阶地，它是气候变化的标志。另外，还可以通过冰斗、冰川沉积岩、冰碛上的划痕等推测以前的气候。古气候学家利用冰芯来推测相应时期的大气构成、气温、降水量以及火山活动导致的气候变化。据说2004年，人们在南极通过钻取冰芯发现，在80万年间，曾出现过8次冰期。

通过分析活着的树木上的年轮或木化石，也可以判断较短时间内的气候状态，还可以通过分析年轮的厚度和密度来推测气温和降水量。通过对珊瑚化石的同位素分析，可以推断出海水的温度变化，特别是与厄尔尼诺现象和拉尼娜现象有关的信息。通过分析化石中的花粉，可以推断沉积层形成的时期，还可以推断当时的植被是温带植被还是亚热带植被。

对古气候研究贡献最大的是20世纪40年代末开始使用的碳定年法。分析放射性同位素（^{14}C，碳-14）的含量，可以获取地壳、水、生物等与气候相关的信息。存在于冰芯或珊瑚化石中的氧同位素的含量也会因气温或水温的变化而变化。气候变暖时，^{16}O（氧-16）的比例增加；气候变冷时，^{18}O（氧-18）的比例增加。

但替代性指标中的成分很有可能已经发生改变，已发现的地区也比较有限，所以该方法难以把握当时整体的气候状态。尽管该方法还不够准确，但目前人类也只能通过部分资料来推测过去的气候。

人类开始使用文字后所记录的气象观测资料，是研究气象的重要参考资料。尤其现存很多与农耕关系密切的气象现象的详细记录，通过对过去的谷物价格、税金和产品质量的记录，可以研究影响植物产量及生长的气候现象。

直到几百年前，人类才开始用观测设备观测气候变化。即使从1593年伽利略发明温度计开始计算，到现在也不过400多年的时间。这对于46亿年的地球历史来说，确实是最近的事情。要想了解特定地区的气候特征，需要

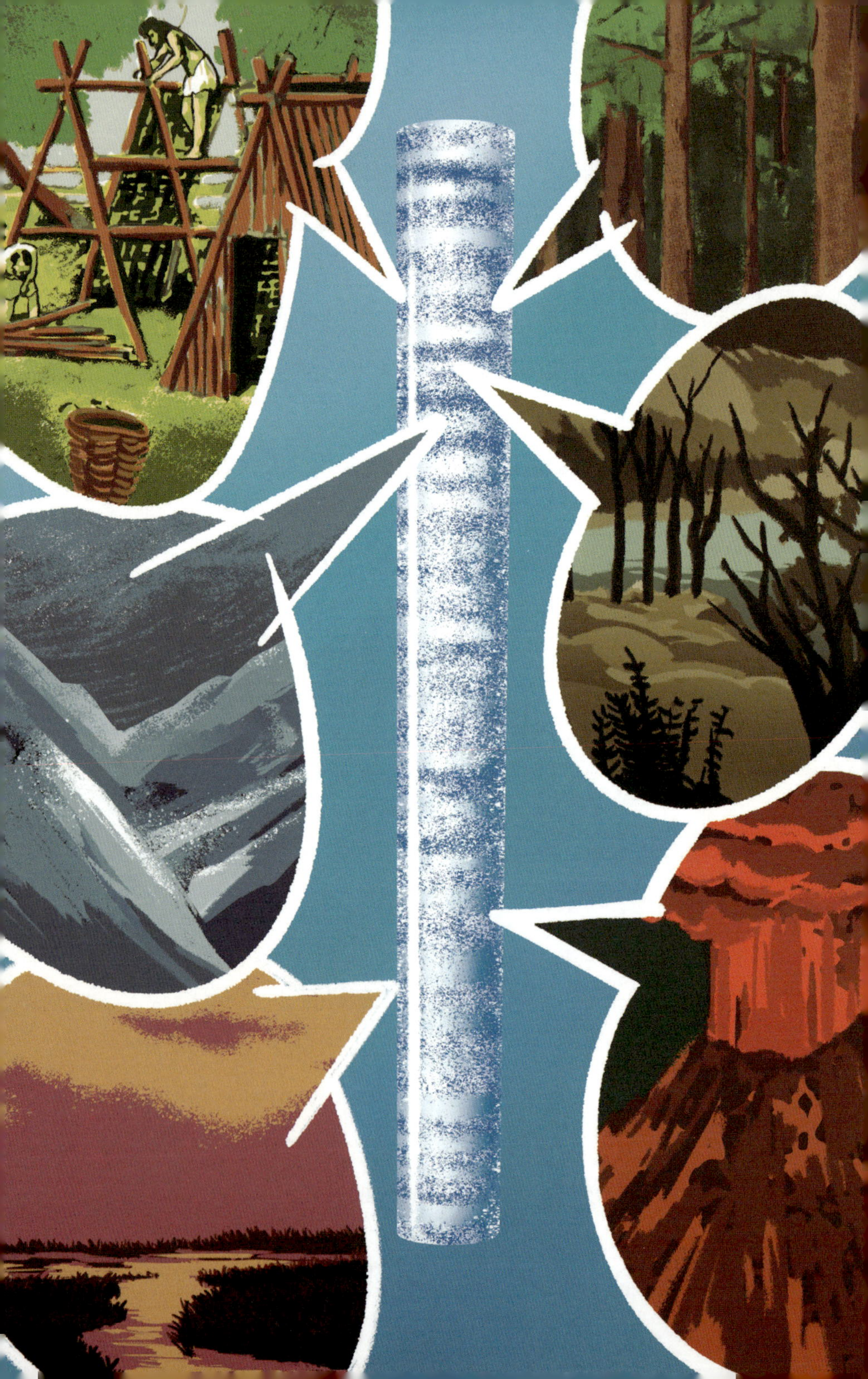

以约30年为一个周期，获得该时间段内该地区天气资料的平均值。因此，了解过去的气候特征并不是一件易事。

尽管如此，为了正确预测未来的气候变化，我们也有必要了解过去气候变化的原因和工作原理。在了解宏观气候变化趋势的同时，还要关注发生暂时性极端气候现象的时间点，这是因为人类活动对气候变化的影响越来越大。那么，在人类还不存在的时代，地球上曾发生过哪些引起地球生态系统巨变的气候事件呢？

从没有氧气的时代到生命大爆发

地球诞生后的5亿年间，曾遭受过许多小行星的撞

气候与天气的差异

世界气象组织（WMO）以可判定气候变化的具有统计学特征的相当长时间（一般为30年）内的天气现象平均值来区分气候。天气则是指某一地区随时变化的气温、气压、湿度、风力、云量、降水量等。世界气象组织以一定的云量为标准，用画有世界通用符号的天气图来表现天气情况。换言之，天气是指每天变化无常的大气状态，而气候则是指某一地区多年的天气特征。要想知道今天出门需不需要带伞，需要参考天气情况，而如果打算购买空调或电暖器，则需要参考气候情况。

1 没有人类的过去

击。距今40亿~38亿年前，地球与外部天体的碰撞逐渐停止，冷却至液态水可以存在的100℃以下。曾经炙热的地球逐渐冷却，气候趋于稳定，不能脱离对流层的水蒸气变成雨降落下来，逐渐形成了供生命诞生的"原始汤"，诞生了第一个具有生命特征的生命体。令人惊讶的是，最近科学家发现了约35亿年前的原核生物化石。

原始生命体蓝藻一点点释放出氧气。但此时，大气中的氧气浓度还不高。大气中的氧气浓度是在23亿~22亿年前地球最早出现冰期后急速升高的。随着持续约3 500万年的冰期的结束，许多矿物质汇入大海，海水中的营养成分越来越丰富。生活在浅海中的蓝藻也迅速增多，它们的活跃使海水中的氧气大量积聚，散逸到大气中。一些学者认为这是最早的大气污染。

其实到这时为止，地球尚不具备适合生命体生存的环境。毕竟，太阳光中的紫外线对任何生命体来说都是致命的威胁。此时，堆积在大气中的氧气上升到平流层，形成了臭氧层，阻挡了紫外线，最终使地球成为适合生命体生存的家园。这时，出现了比原核生物形态复杂的真核生物，它们开始以非常缓慢的速度进化。

5.4亿年前，地球经历了两次冰期后，气温变暖，一部分陆地冰川融化，海平面上升。这也意味着海洋生物的

叠层石

分布在澳大利亚西部鲨鱼湾的叠层石。这是因地球上最古老的原核生物蓝藻的活动而形成的沉积物,主要分布在由石灰岩组成的海岸

生活空间变得更加广阔,海水养分充足,生命开始繁衍。在地球生态系统中,拥有新形态的生物经历了前所未有的物种进化,开始以群体的形式大量出现。它们是拥有骨骼结构、头部、尾巴和眼睛等器官的发达生命体。该时期被称为"寒武纪生命大爆发"。三叶虫和一些体长多达 2 米的巨型生物便出现在该时期。

生物大灭绝和新的机遇

寒武纪生命大爆发时出现的生物，在地球上繁衍了大约 1 亿年。在距今约 4.4 亿年前的奥陶纪后期，大陆板块聚集到南极，大规模的冰川形成，海平面下降，生活在浅海中的大部分动物消失。奥陶纪大灭绝后，最早的陆生植物出现了，它们在温暖潮湿的气候中大量繁殖，遍布整个陆地，形成了森林。现在我们使用的大部分煤炭和石油原料就形成于此时。但体型较大的植物即使死后也不能得到彻底分解，这导致二氧化碳浓度降低，地球冷却，进而引发了第二次大灭绝——泥盆纪大灭绝。就这样，一个时期的生物大灭绝为新生命体的出现提供了舞台，灭绝与繁衍如此反复。

在约 2.5 亿年前的二叠纪时期，大规模的火山爆发释放出大量二氧化碳和甲烷，使氧气浓度降低，从而引发了严重的温室效应。在陆地上和海洋中，有 98% 的物种遭遇了灭绝。

在二叠纪大灭绝发生之前，大气中的氧气浓度达到了 30%。那是地球历史上氧气浓度最高的时期。

在地球历史上，曾经出现过 5 次大规模的物种大灭绝。一方面，大气成分的变化引起了气候变化，地壳运动

大灭绝编年史

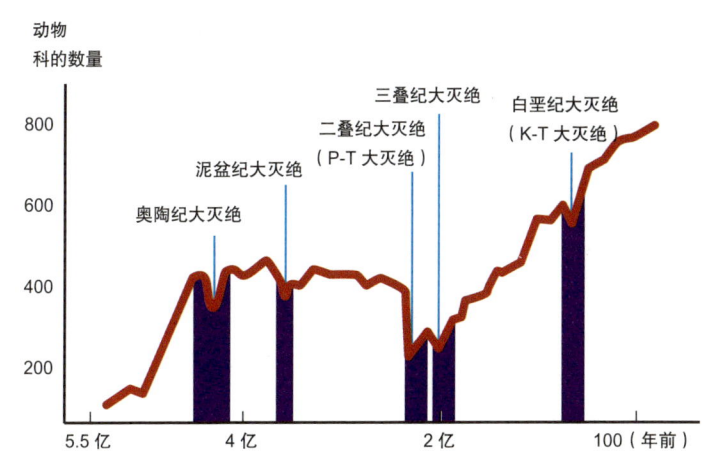

动物科的数量

- 奥陶纪大灭绝
- 泥盆纪大灭绝
- 二叠纪大灭绝（P-T 大灭绝）
- 三叠纪大灭绝
- 白垩纪大灭绝（K-T 大灭绝）

迄今为止，地球上共发生过 5 次大灭绝。其中，二叠纪大灭绝是生命历史上最严重的一次，此次大灭绝使该时期 98% 的物种遭遇了灭绝

引起了地表和海平面变化。另一方面，陨石和小行星的撞击造成了地球上的巨大变化。此外，毫无征兆的火山爆发等也导致了许多变化，使得生命体的生存环境受到威胁，生死循环往复。导致物种大灭绝的环境变化，是造成物种灭绝的各种因素在复杂的相互作用下引发的全球规模的变化。迄今为止，我们还很难探明造成物种大灭绝的原因，但相关研究很有可能成为帮助我们预测未来将要发生的第六次物种大灭绝的基准点。

拓展阅读

气候系统的组成要素

在了解气候之前，我们需要先了解气候要素和气候因子的区别。气候要素是指太阳辐射、气温、湿度、降水量、气压和云量等对气候起决定性作用的重要因素，而气候因子是指影响气候要素分布状态的地理要素，如纬度、太阳高度、水陆分布和洋流等。地球的气候受太阳黑子的变化、地球公转、火山活动等外部因素和人类活动引发的二氧化碳增加、植被变化等人为因素的影响而不断变化。

大气圈作为气候系统的组成部分之一，是由约78%的氮气、约21%的氧气、约0.93%的氩气和少量的氦气、二氧化碳和臭氧等气体

气溶胶

以液体或固体微粒为分散相而分散在气体介质中的溶胶，如雾或烟。其分散度在1～1 000纳米。气溶胶至少可以在大气中停留几个小时。气溶胶有的来源于自然界，有的是由人类活动而产生的。它可以吸收和散射太阳辐射，对气候有一定的影响，还可以作为云的凝结核，影响云的光学特性和寿命。

气候系统

气候系统是由地球和宇宙的分界线——大气圈，包括海洋、湖泊、江河在内的水圈，被冰川覆盖的冰雪圈，包括地壳、上地幔顶部岩石的岩石圈以及生物圈组成的

构成的。此外，大气圈中还含有可引发温室效应，造成气候变化的温室气体和气溶胶。

水圈包括地表水、地下水和大气中的水分。在全球总水量中，97%以上的水是海水，只有2.8%是淡水。在2.8%的淡水中，又有2%以上的水是以冰山和冰川的形式存在的，因此我们可以利用的水仅占全球总水量的0.65%。水圈不仅是水的循环，而且可以储存和散射太阳能，对气候产生影响。赤道附近的海水吸收大量的太阳能，又将这一热能输送至两极地区，从而减少了海水因位置不同而产生的温差，调节了全球的风力。而且，洋流也会因海水盐度的不同而对气候产生影响。

冰雪圈主要分布在两极地区，被冰雪覆盖。冰和雪可以完美阻断海水与空气之间的热传递。而且，相对于陆地和海洋来说，冰可以反射较多的太阳光，相应地吸收的太阳能就较少，因此冰雪圈的气温要比周边地区低。如果冰雪圈的冰雪减少，反照率就会降低，海平面就会上升，影响海水循环，进而引起气候变化。

岩石圈由地壳和上地幔顶部岩石组成。陆地分布程度、高度、地形等长期影响着气候因素。数亿年间的大陆板块漂移，影响着地表水的循环。

最后来看生物圈。从地球化学的角度来看，生物

地表形态与反照率的关系

地表形态	反照率（%）
水面	2~4
城市	7~12
农田	5~15
牧场	15~20
沙漠、海边	25
森林	10~30
云彩	70~90
雪、冰	80~90
地球平均值	30

这里所说的反照率是指某表面反射太阳辐射的比率。冰的反照率最高，水面和城市的反照率较低。地球的反照率会随入射光线角度、大气成分、云量、雪、土地和沙子的颜色、树木种类和颜色的不同而改变

圈指的是地球上的所有生物；从生物学的角度来看，生物圈指的是生物生活的场所。构成生态系统的各种生物对地球的大气成分产生了影响。植物通过光合作用，吸收二氧化碳，释放氧气。许多动物通过呼吸吸收氧气，释放二氧化碳。死去的生物经过分解会产生氮气或氨气。此外，人类在进入工业化时代以后，开始消耗化石燃料，这也提高了温室气体的浓度。

导致大灭绝的全球性气候变化

距今大约 2.5 亿年前,地球迎来了恐龙时代。当时,地球上不仅出现了恐龙,而且出现了一些新的植物。这一时期,地球也像现在一样,呈从高纬度到低纬度的分布,独特的气候环境使生物大量繁衍。该时期,巨型爬行动物在地球上横行,还出现了哺乳动物。它们为了躲避捕食者的威胁,将自己幼小的身躯钻到土里。

6 500 万年前,恐龙时代结束。当时,一颗直径约 10 千米的小行星撞击地球,加速了恐龙的灭亡。随后,地球又与直径达 160 千米的巨型球状小行星相撞,瞬间变成了"死行星"。实际上,小行星的撞击会导致一颗行星在短时间内发生相当极端的环境变化。

地球与行星碰撞形成的超高温蘑菇云与冲击波,使周

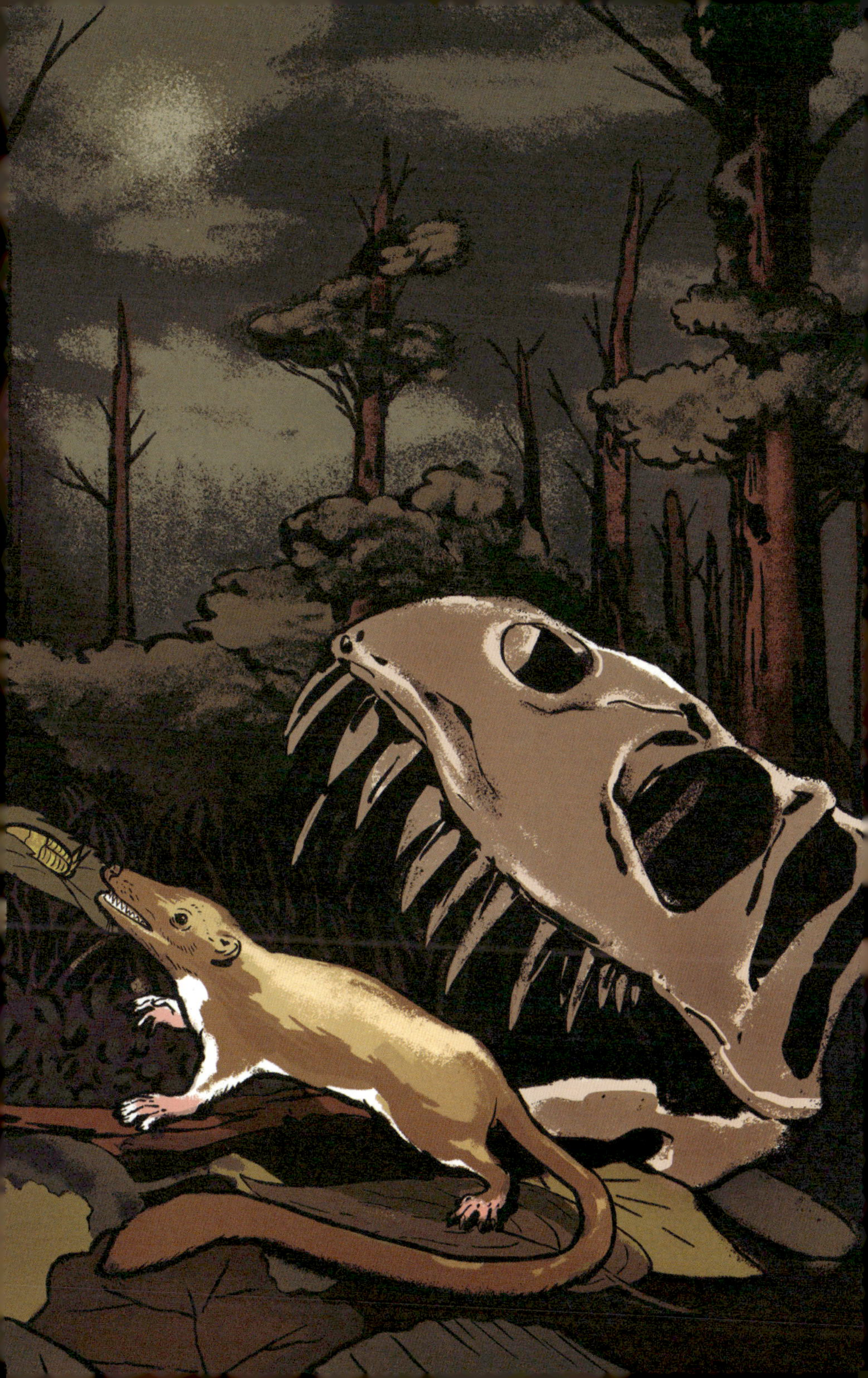

围所有的物质蒸发掉。巨型海啸席卷海岸,有毒气体遮住太阳,白天消失。富含致命性有毒物质的酸雨摧毁了生态系统,之后出现的"核冬天",使生活在地面上的恐龙和其他很多脊椎动物灭绝。

但在这种情况下,我们非常遥远的祖先——早期灵长类动物已经习惯了在黑暗中生活,即使吃很少的东西也能够生存。恐龙时代——中生代落幕后,早期灵长类动物便成为生态系统的新主人。大自然又一次上演了物种大灭绝和物种的交替。而这场大戏的背景是变化莫测的环境。当然,因为环境依然在缓慢发生变化,所以登上舞台的新主角们也是好不容易才站稳脚跟的。

影响全球生态系统的气候变化,至少是经过数十年乃至数百年才出现的一个渐变性的结果。因此,平均气温上升或降低1℃绝不是一个微小的变化。根据2014年政府间气候变化专门委员会(IPCC)发布的《第五次气候变化评估报告》,在1880—2012年的130多年里,地球平均气温上升了0.85℃。仅这一小幅度的上升,就足以导致海平面上升,冰川减少,干旱、台风等造成重大损失的天气现象增多。气候变化是一个非常复杂的系统。我们很难区分原因和结果,就连专家也很难一下子完全理解如此复杂的气候系统。重要的是了解整体的变化过程,并从中理解各部分是如何联系并相互作用的。

冰封的地球

人类开始使用准确的单位来计量温度的时间并不长。不论是我们常用的摄氏度（℃），还是美国人常用的华氏度（℉），都是在17世纪后期才开始使用的。而直到18世纪末，才有记录证实温度计量单位的科学性和可靠性。19世纪，人类对温度变化有了初步的认识，但曾研究化石和地层的科学家在面对庞大而又奇特的石头时，陷入了苦恼。阿尔卑斯山山谷中的一块石头，像是有人故意搬过来似的，与周围的环境格格不入。登山家佩罗丹非常好奇这块巨石移动的原因。有传闻称是冰川使石头发生了移动，佩罗丹也觉得有道理。他以此为根据，进行了大量研究和探索。最后，他主张石头表面的擦痕是因位于它上面的冰的重量与由此产生的压力而形成的。

虽然佩罗丹和观察冰川变化的本尼茨共同发表了关于冰川作用

擦痕

岩石表面的划痕，主要是因断层运动或冰川移动而产生的。冰川沿地表移动时，其巨大的重量会粉碎地面的岩石，并使它们随之发生移动。这时，被包裹在冰川下方的岩石碎片会划过地面并造成擦痕。魏格纳在提出大陆漂移学说时，也曾提到过"擦痕"。

漂砾与擦痕

漂砾被称为"失去家园的石头",它随着冰川进行长距离移动后,留在了冰川融化的地方。因此,这种岩石的形态与周围的岩石有着明显的区别,其表面会有细长的凹槽状擦痕(右图)。这些擦痕主要是因断层运动或冰川移动而产生的

的论文,但在人们坚信《圣经》里的大洪水和挪亚方舟的时代,很难想象整个欧洲曾被冰川覆盖的情形。几年后,古生物学家阿加西在夏庞蒂埃的帮助下,开展了地质调查,并发表了冰期理论。他们认为,冰川不仅覆盖过欧洲,而且覆盖过北美洲和亚洲北部的大部分地区。直到20年后,地球冰期的真实状况才被学界接受。

几乎在同一时期,还有一些人想要了解冰川的形成原理。他们把关注点放在了天文学上。法国数学家约瑟夫·阿德马尔认为,如果地球的公转轨道是椭圆形且黄赤

太阳能的循环

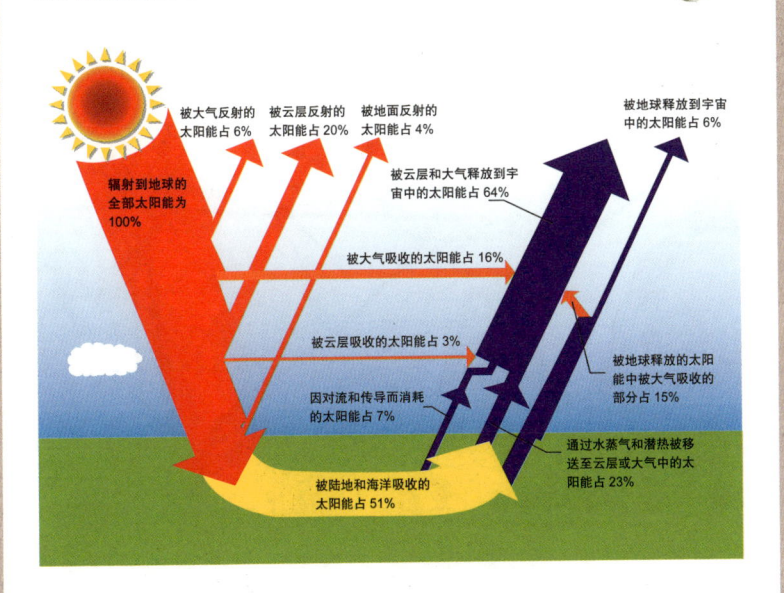

辐射到地球的全部太阳能为 100%
被大气反射的太阳能占 6%
被云层反射的太阳能占 20%
被地面反射的太阳能占 4%
被地球释放到宇宙中的太阳能占 6%
被云层和大气释放到宇宙中的太阳能占 64%
被大气吸收的太阳能占 16%
被云层吸收的太阳能占 3%
因对流和传导而消耗的太阳能占 7%
被地球释放的太阳能中被大气吸收的部分占 15%
通过水蒸气和潜热被移送至云层或大气中的太阳能占 23%
被陆地和海洋吸收的太阳能占 51%

辐射到地球上的太阳能中有一半被地表吸收，其余部分或加热了大气，或被吸收到温室气体里，还有一部分释放到宇宙中，从而维持了地球的辐射均衡（太阳释放的电磁波能量被称为辐射能）。太阳能是雨、雪、风、洋流等在地表发生的一些气象现象的原动力，太阳能循环系统的变化会引起气候变化

交角是 23.5° 的话，那么气候会随着地球与太阳距离的变化而变化。这也正是我们所了解的季节变化产生的原因。阿德马尔结合开普勒定律中当地球远离太阳时公转速度变慢的理论，推断公转轨道偏心率和自转轴对冰川冻结有着

2　导致大灭绝的全球性气候变化　　31

米卢廷·米兰科维奇

詹姆斯·克罗尔

路易斯·阿加西

本尼茨

佩罗丹

重要的影响。

之后，詹姆斯·克罗尔又在此基础上进行了进一步的推理。他认为地球轨道的变化造成了太阳辐射量的差异，从而带来了季节变化，他还将调节地球气候的能量称为太阳能。

地球公转轨道偏心率的变化和地轴的运动，会导致太阳辐射量发生变化。克罗尔以此为基础，制作了冰期模型。在该过程中，他意识到仅靠地球轨道变化很难完全解释地球的气候。1875年，他出版了《气候与时间》一书，指出地球上冰期与间冰期反复、因洋流而导致的热传递、冰雪的反照率、降雪导致的大气水分的变化等，都是影响气候系统的因素。

这里还有一点需要说明的是，即使地球处于冰期，也并不意味着一年到头只有冬季。因为地球自转轴是倾斜的，所以即使是在冰期，也会产生季节变化，只不过此时的夏天也很凉爽而已。在寒冷的极地，冬天的冰雪通常在夏天融化，但由于夏天变凉爽了，因此大多数冰雪也就不会融化了。如此一来，拥有高反照率的冰雪会反射大部分太阳能，只吸收少部分，导致气温下降。这时，带着暖湿气体，随着洋流上升的暖气团，遇到冷空气形成云团，产生降雪。雪堆积起来，受自身重量和压力的影响，里面的空气遭到挤压，形成透明的冰川。随着冰川增多，地球上的大部分地区都被冰覆盖，这就是所谓的冰期。

那么，原本只是推测的克罗尔的假说又得到了怎样的发展呢？1920年，数学家米兰科维奇发表了一篇名为《太阳辐射造成的热现象的数学理论》的论文，指出地球轨道和自转轴的倾斜角度，以及自转轴方向的变化，导致太阳能的辐射量产生差异，进而造成冰期和间冰期反复，为克罗尔的假说提供了证据。之后，在德国气象学家柯本的帮助下，他在《调查地球历史气候的天文学方法》一书中发表了米兰科维奇理论。

该理论将引起气候变化的因素分成了三个方面。首先，地球围绕太阳公转，同时其他行星和卫星也在公转，相互间不同引力的交互作用，导致地球公转轨道发生细微的变化，即公转轨道偏心率发生变化。偏心率越接近0，公转轨道越接近圆形，当偏心率为0.028时，公转轨道几乎接近圆形，之后又变成了椭圆形。地球公转轨道每10万年为一个周期，偏心率达到最大值。公转轨道是椭圆形时，出现近日点和远日点。当地球位于远日点时，距离太阳变远，发生冬季变长的气候变化。

其次，虽然我们知道地球自转轴的倾斜角度为23.5°，但实际上，约4.1万年前，该角度曾在21.1°~24.5°发生过周期性变化。并且，虽然现在北极星位于自转轴的最北端，但再过 8 000 年左右，那里会变成天鹅座的主星天津四，而 1.2 万年后，将会变成天琴座中的织女星。我们所感受到的季节变化正是由地球自转轴的倾斜所导致的。位于北半球的国家，当太阳直射点在北半球时，就是夏季，当太阳直射点在南半球时，则是冬季。那么，如果地球自转轴倾斜 24.5°，又会发生什么变化呢？自转轴的倾斜角度变大，季节温差会随之增大，出现严寒和酷暑。反之，倾斜角度变小，温差也会减小，出现相对来说不太热的夏天和不太冷的冬天。

最后，由于地球并不是一个完美的球体，而是稍微有些变形，因此地球在旋转时，会像陀螺一样，自转轴方向发生细微的变化。地球的自转轴以每 2.6 万年为一个周期进行旋转，在自转轴存在偏离的情况下进行公转，即便是在同一地区，也会因自转轴方向不同，导致太阳辐射量不同。从目前自转轴的方向来看，位于北半球的国家，当地球位于近日点时，是冬季，当地球位于远日点时，则是夏季，年较差较小。但面向太阳的南半球，夏季和冬季的太阳辐射量差异大，年较差也更大。

总而言之，太阳辐射量会随每 10 万年为一个周期的地球公转轨道偏心率、每 4.1 万年为一个周期的自转轴

米兰科维奇理论

(偏心率 0.005 以下)

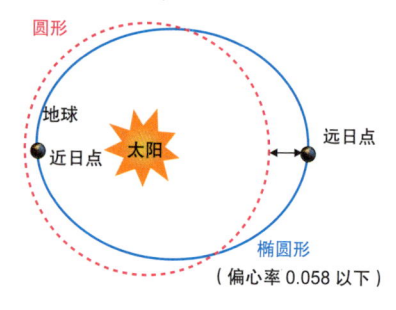

圆形
地球
近日点
太阳
远日点
椭圆形
(偏心率 0.058 以下)

公转轨道偏心率的变化

公转轨道偏心率以每 10 万年为一个周期进行变化。当地球沿长椭圆形轨道进行公转时，近日点和远日点所受到的太阳辐射量相差 20%~30%

24.5°
22.1

自转轴倾斜角度的变化

地球自转轴的倾斜角度以每 4.1 万年左右为一个周期进行变化。自转轴倾斜角度越大，不同地区的太阳辐射量差异越大，年较差越大

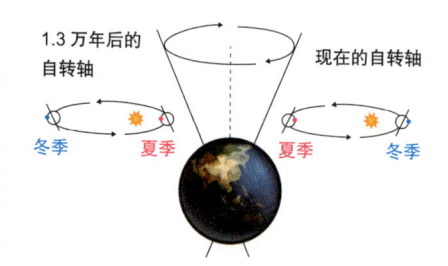

1.3 万年后的自转轴　　现在的自转轴
冬季　夏季　　夏季　冬季

自转轴方向的变化

地球自转轴以每 2.6 万年为一个周期进行旋转。现在，当地球位于远日点时，北半球为夏季，当地球位于近日点时，北半球为冬季，年较差较小。但 1.3 万年后，当自转轴方向与现在相反时，北半球的夏季会更热，冬季会更冷

倾斜角度、每2.6万年为一个周期的自转轴方向的变化而发生变化。那么，当这三个因素中有一个处于最大值，或它们同时发挥作用时，会造成怎样的后果呢？米兰科维奇认为，那时地球就会出现冰期。他还计算出这些因素会根据地球纬度的不同而产生不同的影响，从而揭示了地球历史上反复出现冰期的原因。但直到去世，米兰科维奇也没有找到可以证明这一假说的相关资料。直到1976年，科学家在含有约45万年地质记录的海底沉积物中分析出有孔虫的分布比例，并复原了当时的海水温度变化后，米氏假说才得到证明。直到21世纪，测定冰芯中二氧化碳的浓度变化后，这一假说才进一步得到证实。

在地球历史上，一共出现过4次持续时间较长的冰期，分别为23亿~22亿年前的第一次冰期，被称为"雪球地球"的第二次冰期，约3亿年前古生代出现的第三次冰期，以及约4 000万年前从南极冰川形成开始直到1万多年前结束的第四次冰期。现在，我们生活在温暖的间冰期。虽然从大的时间轴来看，可分为四次冰期，但实际上在这期间，大大小小的冰期和间冰期，也以约10万年和4万年为周期反复出现。

雪球地球

冰期等全球性冷却现象，不仅受地球的天文学运动的影响，而且受大陆分布及洋流的影响。特别是海洋通过洋流，将接受较多太阳辐射能的低纬度地区的热量均匀地输送到地球各地。洋流的移动取决于大陆的分布。典型事例是距今约 300 万年前，巴拿马地峡将南美洲与北美洲连接起来，太平洋与大西洋分离，导致洋流改变流向，引起气候变化。

从墨西哥湾向北流动的洋流给冰冻的格陵兰岛和欧洲带来大量水分，冰川增大，气温降低，出现了冷却现象。在最后一个冰期，海平面下降，亚洲和阿拉斯加由白令陆桥连接在一起。下一个冰期到来时，白令陆桥可能会因海

80万年间气温与二氧化碳浓度的变化

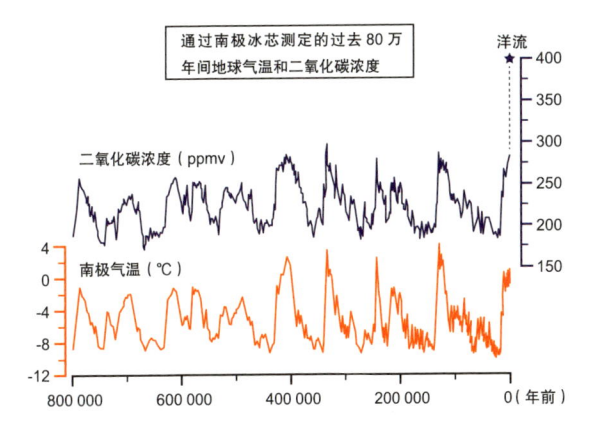

通过南极冰芯测定的过去80万年间地球气温和二氧化碳浓度

通过观察利用南极冰芯测定的过去80万年间地球气温和二氧化碳浓度的数据，可以看出冰期和间冰期以约10万年为一个周期反复出现

雪球地球假说

雪球地球假说认为，在约8亿～6亿年前的前寒武纪末期，地球温度曾降到 –50℃以下，整个地球被冰川覆盖。20世纪60年代，科学家在赤道附近发现了冰碛，从而推论冰川曾扩张至低纬度地区。地球上除了活火山地带，大部分地区都曾被冰川覆盖过。雪球地球假说还认为，该时期大概持续了300万年，该时期的环境变化加速了生命体的进化，促进了埃迪卡拉动物群等多细胞生命体的出现。

随着地表和海洋的冻结，火山爆发所释放出的二氧化碳无法被吸收，浓度逐渐升高，导致温室效应，使全球变暖，雪球地球消失。

平面下降而再次浮出水面，连接亚洲和阿拉斯加。

除此之外，太阳黑子的变化和火山爆发也会减少太阳辐射量，使地球冷却。冰期并不是由某个特定原因导致的，而是经过长时间的变化慢慢形成的。即使在冰期，低纬度地区依然会保持温暖的气候。

冰期导致的海平面变化影响了动植物的栖息地分布。地球冷却现象导致海平面下降，会使生活着50%以上海洋生物的大陆架面积减少，造成物种灭绝。另外，一旦大型火山爆发，就会出现核冬天，此时气温迅速冷却，导致物种大灭绝。

燃烧的地球和消失的夏天

距今大约7.4万年前，曾发生过火山爆发指数高达8级的超级火山爆发。此次火山爆发发生在文明形成之前，所以并没有留下明确的记录。但据推测，位于印度尼西亚苏门答腊岛的多巴火山喷发出了大量物质，并由此导致持续6年之久的核冬天。此次火山爆发被认为是自人类诞生以来规模最大的一次火

火山爆发指数
根据火山规模、爆发持续时间、喷出物的体积等相关因素，可将火山爆发指数划分为1~8级。每个等级间的爆发程度相差10倍。1815年坦博拉火山爆发指数为7级，多巴火山爆发指数为最高等级8级。

山爆发。古气候学家通过分析格陵兰岛的冰芯,主张此地当时堆积了高达 1~3 米的火山灰,由此引发了全球性的冷却现象。

卡尔·萨根认为,一旦发生核战争,一系列连锁的环境破坏会导致出现人为的核冬天,即大规模的火山爆发,导致气溶胶扩散至平流层,阻隔太阳能进入地球,从而导致环境恶化。同样的原理,当地球遭遇小行星撞击时,也会发生同样的状况。像多巴火山等大规模的火山爆发,还会导致热带地区的夏天消失,使得对太阳能依赖程度较高的植物无法进行光合作用,花朵在开花之前就已经枯萎,进而导致食物匮乏,整个生态系统崩溃。

科学家们在与多巴火山相隔 5 000 千米的孟加拉湾的海洋沉积物中,发现了当时的花粉。通过对花粉进行分析,推测出火山爆发后,气温降低,天气变得干燥起来,热带地区的森林遭到破坏。

地球通过平衡进入地球和反射到地球外部的太阳辐射能来调节气温。科学家们研究当辐射不平衡时,导致辐射强迫的因子是如何相互作用的。辐射强迫是根据引发气候变化的因素对大气能量平衡的影响为基准来进行划分的。像温室气体等辐射强迫为正值(+)的气体,会增加地球上大气的能量,从而导致全球变暖。大规模的火山爆发会使含有硫酸盐的气溶胶迅速增多,并扩散至平流层,导致辐射强迫为负值（-），使地球冷却。值得注意的是，火山爆发不同于其他气候因子，它会在短时间内引发急剧的气候变化。

20世纪发生的规模最大的一次火山爆发，是菲律宾的皮纳图博火山爆发。它于1991年爆发，火山爆发指数为6级，喷发出了100多亿吨岩浆和50多亿吨火山灰。这次火山爆发影响巨大，甚至导致太平洋彼岸的美军从军事基地撤离，还造成了700多人伤亡和巨额损失，全世界的人都见证了此次火山爆发带来的影响。

虽然火山爆发造成了灾难，但这次事件为科学研究火山爆发提供了重要的机会。事实上，火山爆发后对气候变化产生的影响要远远大于火山爆发的瞬间。含有大量硫黄

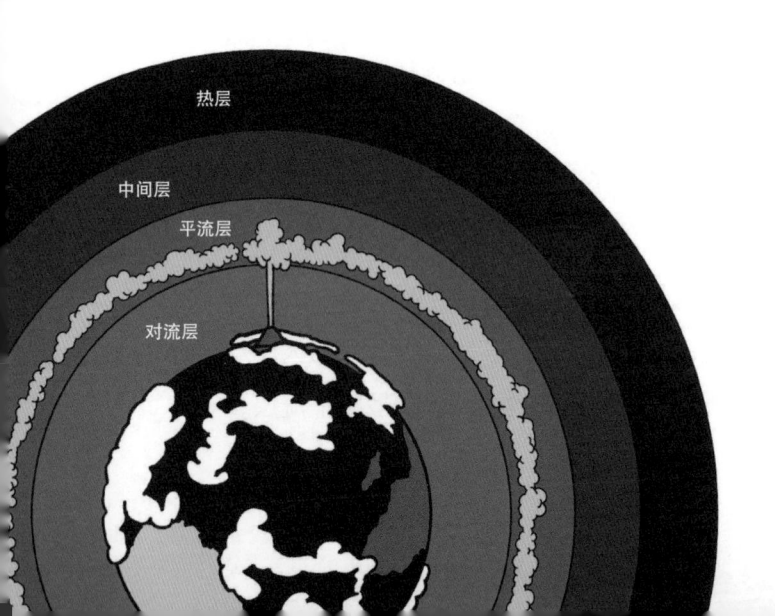

气体的火山灰和灰尘扩散到大气中，遮住了太阳，导致太阳辐射能发生变化。随着空气流动，它们还会反射太阳光，阻挡从地面发出的长波辐射，改变地表和大气的温度。当然，上升到对流层的火山灰和尘埃受降雨和重力影响，又会重新回到地面，还算是个暂时的问题。

最麻烦的是火山灰已经扩散到平流层。皮纳图博火山爆发导致火山灰上升到40千米高的平流层。在稳定的平流层中，没有降雨，火山灰以气溶胶的形式扩散开来，长时间阻隔太阳光，并引起太阳辐射量的变化。气候学家仔细研究了平流层气溶胶的增加对辐射强迫产生的影响，结果发现，皮纳图博火山爆发使火山灰在平流层停留了两年，导致次年地球气温降低了0.4℃。

地球大气圈

地球大气圈分为对流层、平流层、中间层和热层。对流层距地表的平均高度为11千米（极地为7千米，热带地区为18千米）。随着高度的升高，气温降低，导致大气不稳定，引发气象现象。平流层分布在对流层上方10千米~50千米的地方，这里的臭氧层吸收了紫外线，导致越往上温度越高。平流层不存在对流或暖流，非常稳定。中间层位于平流层上方约80千米的地方，高度越高，温度越低，是大气圈中最冷的地方。热层位于地表上方500~1000千米处，会出现极光。

皮纳图博火山爆发与气温变化

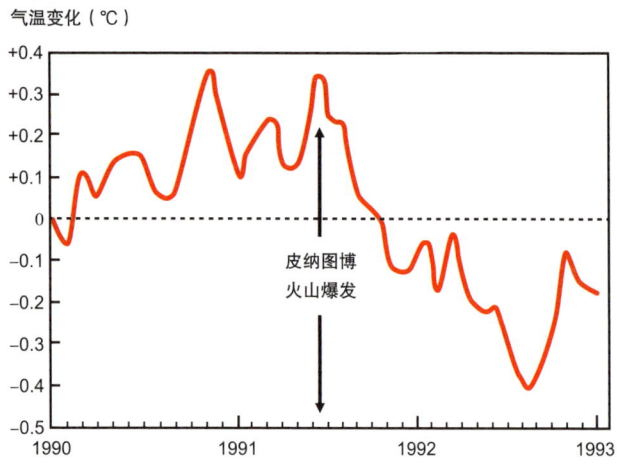

皮纳图博火山爆发导致的气温下降过程比较缓慢，1992年年底的气温最低

而皮纳图博火山爆发完全无法比肩的超级火山爆发事件，则会导致全球性的气候变化，并引发物种大灭绝。不论是二叠纪大灭绝，还是其他大大小小的物种灭绝现象，都受到大规模火山爆发的影响。前面提到的多巴火山爆发，也曾使人类的祖先面临灭绝危机。但生命的伟大之处在于从危机中寻找机遇。人类的祖先在严酷的环境中离开非洲，散布到世界各地。6万年前后，地球气候趋于稳定，

集体规模不断扩大,人类迎来了飞跃发展的时代。1万年前,人类开始农耕生活,对环境的影响越来越大。特别是化石燃料的使用,使埋在地下的二氧化碳的排放量急速增加。气候学家指出,二氧化碳排放量与地球的气温变化有密切的联系。那么,作为温室气体的代表,二氧化碳与全球变暖有着怎样的关系呢?

全球变暖与海平面上升

在谈论气候变化时,不得不提的是温室气体。特别是目前,全世界都在呼吁减少温室气体的排放量。人们对温室气体的关注,始于1824年法国数学家傅立叶的一篇论文。傅立叶质疑,"如果太阳继续供应太阳能,行星表面受热,其温度是否会接近太阳的温度"。行星的平均气温是由太阳能和地球辐射能的平衡决定的,因此他推测,如果大气阻止地球辐射能量释放,那么地球的温度就会上升。可惜的是,傅立叶没能证明大气中的哪些成分可以阻挡紫外线。

1859年,英国物理学家丁铎尔指出,透过云层的光线是由大气中的尘埃等颗粒物引起的光的散射造成的。他解释说,天空之所以是蓝色的,是因为在可见光线中,蓝

辐射平衡与温室效应

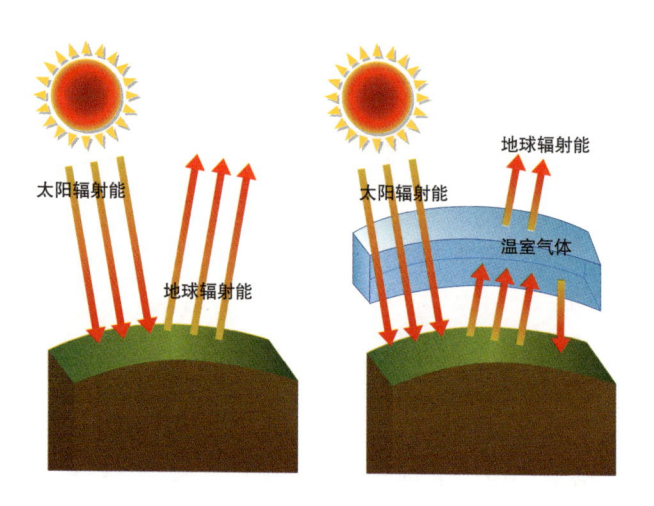

太阳能通过短波紫外线辐射到地球,地球辐射能通过长波红外线释放出来。辐射平衡(左图)是指地表和大气所吸收的太阳能,与释放到宇宙的地球辐射能维持热平衡的现象。此时,大气通过太阳短波辐射,与地球长波辐射结合,被地表和大气吸收,导致温度上升,这被称为温室效应(右图)

色光的散射量是黄色光的 10 倍以上。丁铎尔通过测量大气中的气体吸收紫外线程度的实验,证明主要是二氧化碳、水蒸气、二氧化氮、甲烷和臭氧吸收了红外线,引起了温室效应。

丁铎尔现象

当一束强光射入含有微粒的系统时,因微粒的散射作用,在入射光的垂直方向,可看到一道很清晰的光径的现象

1896年,瑞典物理化学家阿伦尼乌斯认为,如果火山活动导致大气中的二氧化碳浓度升高,地球气温就会随之升高。他认为,如果大气中的二氧化碳浓度升高2倍,那么全球平均气温将上升5.6℃。反之,若二氧化碳浓度降低,就不会产生温室效应,但地球可能会迎来冰期。他是警告人类活动会对气候变化产生影响的第一人。

真正论证该问题的是英国蒸汽工程师斯图尔特·卡伦德。他通过计算得出，二氧化碳引起的温室效应使得每一个世纪，即每100年，气温升高0.3℃。他认为这种程度的温室效应还算乐观，但用不了多久，气温将会升高1℃。照此趋势，人类在几个世纪内就会遭受巨大的损失。

1957年，70多个国家联合开展了地球国际观测年研究，力图在太阳黑子活动达到极大值的18个月里，在11个领域对从宇宙到地球的各个方面进行观测。美国地球化学家大卫·基林也参与了该研究，开发了测量大气中二氧化碳浓度的方法。他指出，受植物的呼吸和光合作用影响，白天和夜间的二氧化碳浓度不同。同样，在植物较活跃的春夏两季，二氧化碳浓度降低，而在秋季则会升高。在两年的时间里，他坚持不懈地测量由季节导致的二氧化碳浓度的差异，发现了二氧化碳浓度的年度变化规律，该规律符合每年增加的二氧化碳浓度。

他毕生致力于测量二氧化碳浓度，并提出化石燃料燃烧时产生的二氧化碳，一半会被大自然吸收，剩下的一半则留在了大气中。他担心由于地球上的森林、海洋和土壤等吸收二氧化碳的能力有限，大自然会将吸收的一半二氧化碳归还给人类。实际上，1950年以来的二氧化碳浓度的增加情况，确实令人毛骨悚然。

基林曲线

大气中的二氧化碳浓度（ppm）

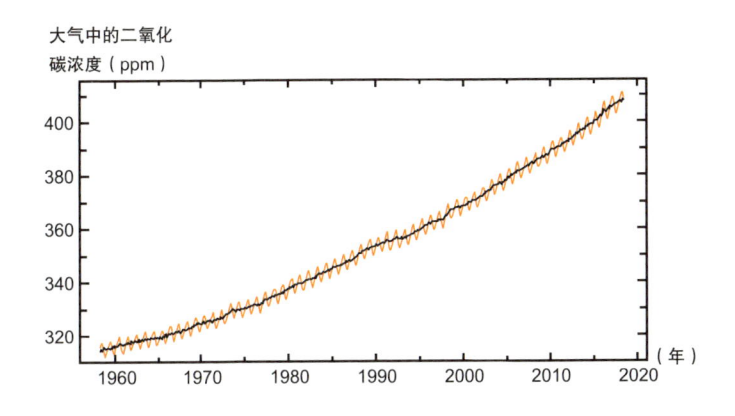

基林在夏威夷的莫纳罗亚火山安装了测量装置，测量了 40 年间的二氧化碳浓度。1958 年的二氧化碳浓度为 315ppm[1]，1965 年达到了 320ppm，1975 年上升至 331ppm，到 2018 年 8 月，二氧化碳浓度已高达 406.89ppm

    引起温室效应、引发全球变暖的气体是水蒸气、二氧化碳、甲烷和臭氧等。实际上，温室效应对我们维持在地球上的生存是有益的。太阳和地球在热量上处于平衡状态，如果没有大气圈，地球的平均温度约为 –18.5℃，基本处于冰冻状态。但大气把温室气体释放的能量留在了大气中，使现在地球的平均气温维持在 15℃的温暖状态。

1　ppm 是百万分率，定义为百万分之一。——编者注

温室效应是在工业化之后成为问题的。人类的一些活动导致温室气体快速增加，滞留的温室气体比消耗的多，加速了全球变暖。燃烧有机物时产生的二氧化碳、尾气中的甲烷、肥料中的氮氧化物、喷雾剂中的卤烃等，虽然含量不高，但足以影响温度的变化，产生强烈的温室效应。我们来比较一下这些气体对温室效应的影响程度。假设二氧化碳造成的温室效应指数为1，那么甲烷是它的23倍，氮氧化物是它的300倍左右，卤烃则是它的1 300～2.39万倍。导致全球变暖的其他气体的使用量虽然在逐渐减少，而且这些气体可以被收集起来转化成其他物质，但由于二氧化碳的化学成分相当稳定，即使将它转化成其他物质，它也会在转化过程中重新产生二氧化碳，因此最重要的是减少排放量。

全球变暖和冰期一样，对生态系统来说是致命的威胁，尤其是海洋生物对温度变化很敏感。此外，陆地上的植物也会遭受巨大打击。随着全球变暖，明太鱼等冷水鱼和针叶树都将失去生存空间。

其实，温室效应导致气温异常上升，受影响最大的是冰川。地球的南极和北极都有巨大的冰川，南极冰川是储存陆地90%水资源的大陆冰川，北极冰川则是海面上的浮冰。也就是说，即使北极冰川融化，也不会引起海平面上升，但如果南极冰川融化，则会引起海平面上升。如果冰川全部融化，海平面至少会上升66米。这会导致首尔、东京、北京、上海等世界主要城市以及生活着世界一半人口的沿海低洼地带消失，给人类文明带来巨大灾难。

海平面上升还会影响导致气候变化的洋流。海水随水温和盐度的差异缓慢流动，调节地球温度，提供营养成分，维持生态系统平衡。但由于全球变暖，冰川融化，海水盐度变低，导致集中在低纬度地区的太阳能不能被均匀地输送至两极地区，从而导致两极分化。随海水循环供应的无机盐的量变少，生态系统面临巨大的危机。停止运动的大海已经多次向我们发出警告。

可燃冰的警告

甲烷水合物又名"可燃冰"，是备受关注的新一代能源。与化石燃料相比，它排放的二氧化碳较少。大气中的甲烷在低温高压状态下，会与水分子凝结，变成像冰块一样的固态形式，被埋藏在永冻土层或深海海底。据推测，目前全世界有大约10兆吨甲烷水合物。但人们也担心一旦在开采和运输过程中发生甲烷逸出，就会造成更强烈的温室效应。更大的问题是，全球变暖会导致永冻土层和湿地释放出大量甲烷。研究这一领域的学者把这种现象称为"甲烷大爆发"。

停止运动的大海

2004年的一部电影，向全世界的人们展现了气候变化造成的巨大灾难。在电影《后天》中，纽约市中心被海水淹没，自由女神像被冰冻。这一幕引发了观众的好奇心。主人公认为，全球变暖导致冰期快速到来。但全球变暖导致的为什么不是全球变暖，而是被冰冻呢？虽说电影中也有夸张的成分，但这些现象都是有科学依据的。再加上，距今约1.3万年前，处于间冰期的地球突然变冷，这种强冷持续了约1 300年，这便是"新仙女木"事件。

研究新仙女木时期气候变化的学者认为，造成该事件的原因是被称为"大洋传送带"的海洋循环的崩溃。简言之，就是负责地球供暖系统的水路不运转导致的问题。海洋的密度随温度和盐度的变化而变化。水温越低，盐度越高，海水密度越大。海水密度变大时，会下沉到底层，密度变小时，会上升至表层。这一过程循环往复，使全世界范围内的海洋形成了一个巨大的环流，即"热盐环流"。

墨西哥湾流从赤道附近的大西洋，沿北美洲流向极地，到达位于高纬度的格陵兰岛附近时变冷，一部分形成冰川，盐度升高，密度变大，从而下沉至深层，然后继续沿北美洲东海岸向南流。在经过非洲、印度洋、太平洋后，温度再次升高，海水上升至表层，重新流回美洲大陆，成为墨西哥湾流。一般该过程的周期为 1 000～1.5 万年，非常缓慢。

那么，在电影《后天》中，整个纽约被冰封的情形是怎么发生的呢？首先，大洋传送带是维持全球温度的重要系统。但随着全球变暖，流向格陵兰岛的墨西哥湾流不但没有变冷，反而因冰川融化流入的淡水中和了盐分，使本应该下沉至底层的传送带停止流动。因此，赤道地区无法将热量向北输送，热循环停止，高纬度地区气温骤降。另外，温差导致强台风、干旱等气候异常现象频发。影片

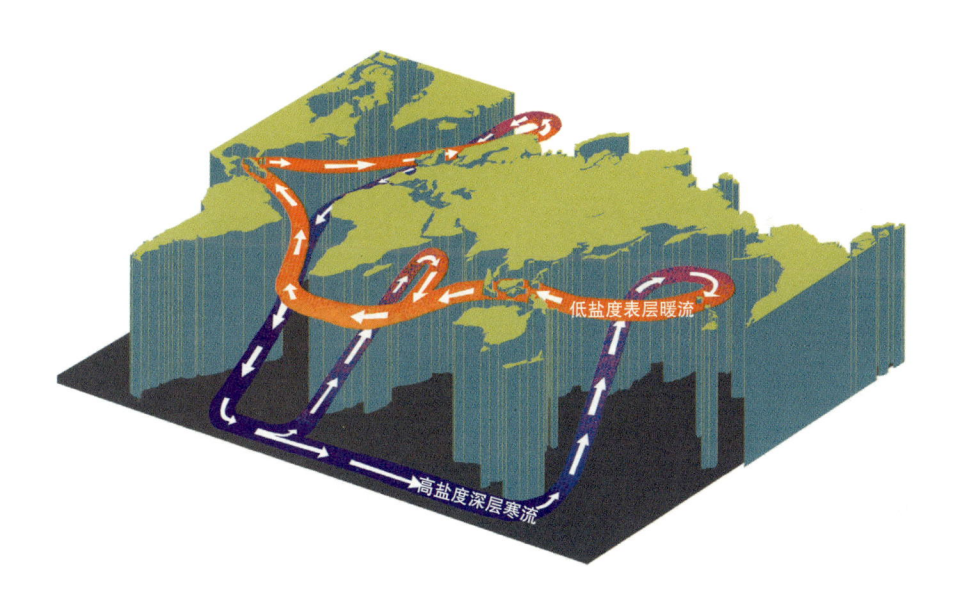

中的背景城市纽约相对来说位置偏北,所以就像回到了冰期,而非洲和亚洲则出现了严重的干旱。

提到小行星撞击地球导致恐龙灭绝的故事,我们通常会想象这样的画面:小行星撞击地球后,像炸弹一样坠落下来的火球残骸击中恐龙并致其死亡,巨大的海啸淹没海岸线,像雪花一样倾泻而下的火山灰引发了冰期,地球又回到了阴冷黑暗的时期。就像电影《后天》中一样,短短几周,灾难就席卷了全球。但实际上,大灭绝并不是这样到来的,冰期也是在经历数万年后才会到来。大灭绝的周期短则数十万年,长则1 000万年。像电影中出现的突然变冷这种极端现象,再快也需要100年以上的时间。虽

海因里希事件

20世纪80年代,气候学家海因里希发现,深海岩芯中会周期性地出现大量大陆岩石。他推测,它们是依靠巨大的浮冰被运送至北大西洋的,但中途浮冰融化,冰漂碎屑就此堆积。被称为"无敌冰舰队"的巨大浮冰是因持续的气候变暖而产生的,与浮冰一起从冰川中融化的淡水流入海洋,该现象被称为海因里希事件。这与气候史上出现1 000年以下的短暂冰封的时期吻合。特别是在最后一次冰期,地球每隔1.2万年就出现一次海因里希事件。

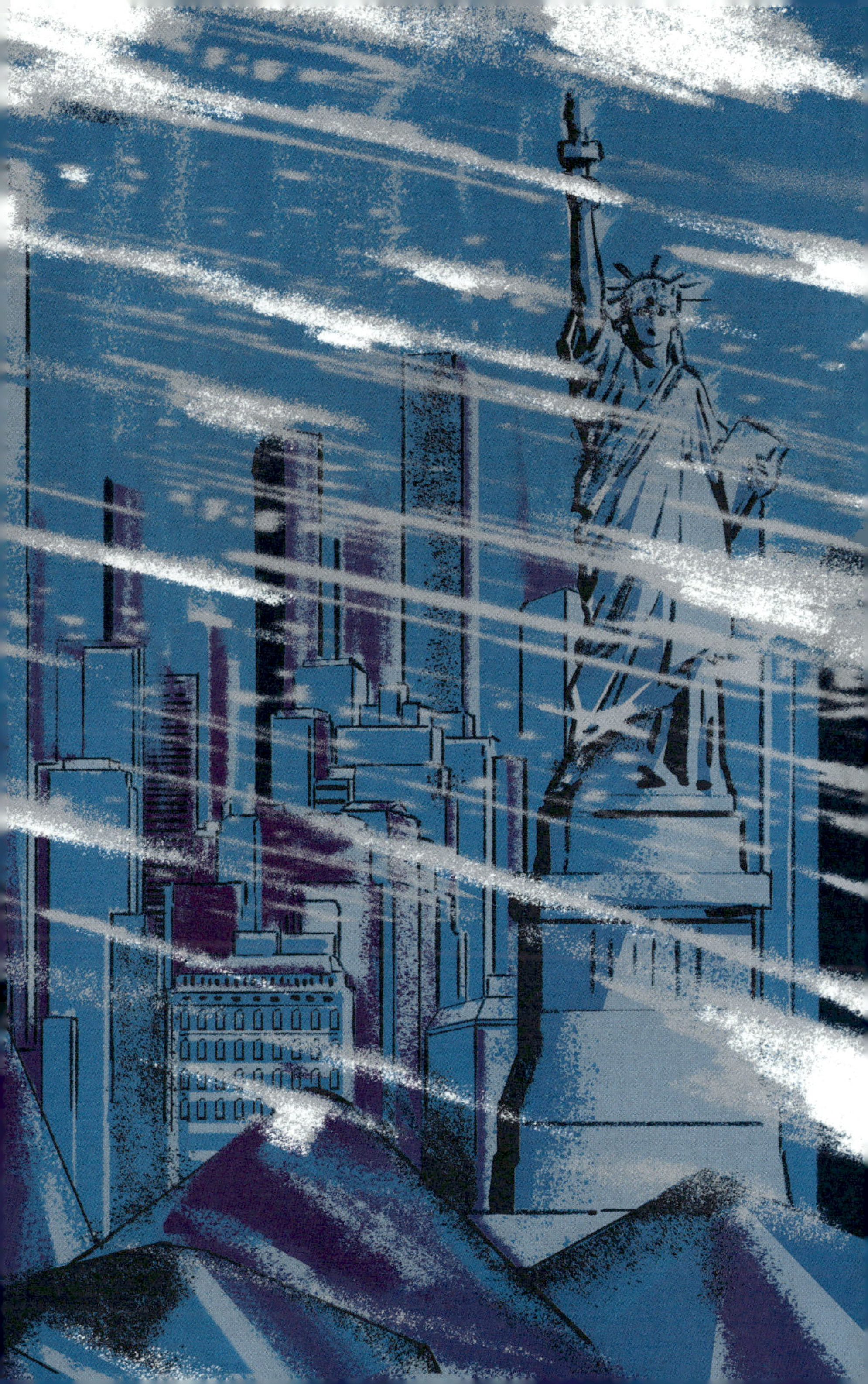

然在该过程中，会有很多生命体消失，但适应了环境变化生存下来的生命体就会迎来新的机遇。

我们的祖先是在严寒环境中生存下来的幸存者。这些幸存者的独特之处在于创造了人类文明，并成为发展的动力。后面我们将探讨气候变化对人类文明造成的影响。在地球46亿年的历史中，人类的足迹可以说是微不足道的。人类的直系祖先直到20万年前才出现在地球上。但人类那微不足道的足迹，却给整个地球带来了变化。我们最终会走到哪里？回顾人类文明的历史，可能会对日后我们准确预测未来提供一些帮助。

拓展阅读

恩索

一提到突然的气候变化或洪水、干旱等气候灾难，人们一定会想到厄尔尼诺现象和拉尼娜现象。地球村的各地都无法脱离气候灾难。

厄尔尼诺现象是指位于赤道东太平洋秘鲁洋流冷水域的水温异常升高的现象。反之，在同一海域内，海水温度异常下降的现象就是拉尼娜现象。这些现象一旦发生，通常会持续半年到一年半，它们没有特别固定的周期，但一般每3~7年就会发生一次。近年来，厄尔尼诺现象和拉尼娜现象出现的方式有所变化。气候变化委员会发布的报告中提到的恩索（ENSO，厄尔尼诺现象与南方涛动现象的合称）被公认为是最准确的表述，因为厄尔尼诺现象和拉尼娜现象的起因都和南方涛动，即因太平洋东西气压差而产生的大气循环有关。

要想理解这一现象，我们首先要了解太平洋的大气环流。空气的移动，即风从高气压地区向低气压地区移动。在海平面温度高的地区形成低气压。1923年，气象学家吉尔伯特·沃克爵士为研究印度地区的季风，测量了澳大利亚达尔文港以及波利尼西亚塔希提岛的气压和海水温度的变化。沃克爵士发现，如果达尔文港气压上升，塔希提岛的气压下降的话，平时从塔希提岛吹往达尔文港的风向就会发生变化。他还发现，太平洋的东西气压会以每几年为一个周期像跷跷板一样上下浮动。热带太平洋区气压与热带印度洋区气压的高低呈相反变化的振荡现象被称为"南方涛动"。1960 年，皮叶克尼斯发现，在水温较高的西太平洋上升的气流到东太平洋附近会下降，形成呈顺时针方向旋转的大气环流圈。为纪念吉尔伯特·沃克爵士，这一现象被命名为"沃克环流"。

　　一旦发生厄尔尼诺现象，表层水的温度会连续5个多月比平均温度高 0.5℃，还导致信风减弱，从而浮游生物减少，捕鱼量减少，平时因干燥而发生山火的南北美洲还会出现暴雨等气象异变。相反，包括印

沃克环流

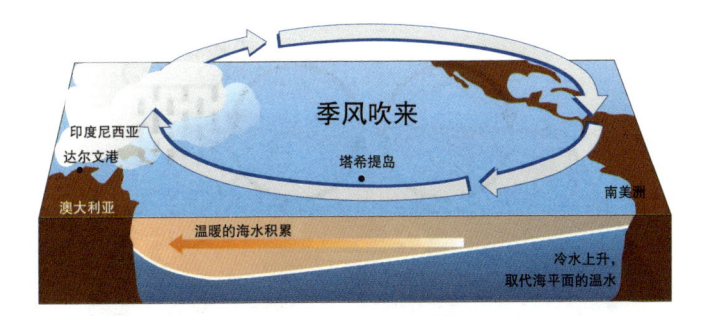

季风吹来
印度尼西亚
达尔文港
塔希提岛
澳大利亚
温暖的海水积累
南美洲
冷水上升，
取代海平面的温水

在温暖的暖流聚集的印度尼西亚，高气压造成大气上升，而在南美洲，冰冷的深海水上升，低气压造成大气下降，由此，太平洋地区会从东往西吹起季风

度尼西亚在内的湿热的热带地区会随信风的消失而遭受严重的干旱。而位于东太平洋的北美地区则会迎来暖冬。这与厄尔尼诺现象发生前的气候正相反。此外，厄尔尼诺现象也是造成秘鲁沿岸大洪水和1万年前美索不达米亚地区大干旱的原因。

　　拉尼娜是与厄尔尼诺相反的现象，同样发生在太平洋的赤道附近。在该地区，东南信风将表面被太阳晒热的海水吹向太平洋西部，导致太平洋西部的海水

厄尔尼诺

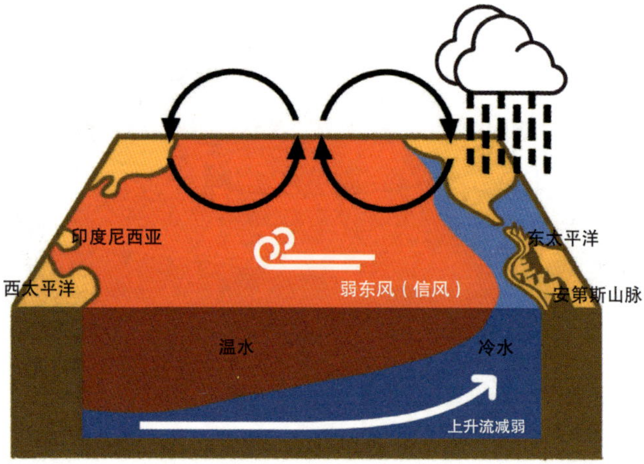
印度尼西亚
西太平洋
弱东风（信风）
东太平洋
安第斯山脉
温水
冷水
上升流减弱

拉尼娜

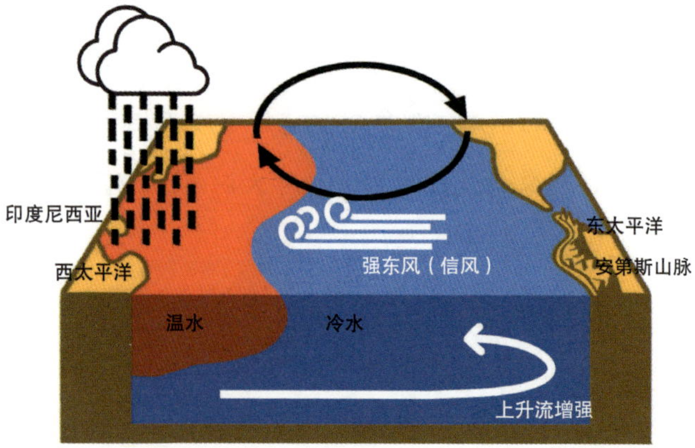
印度尼西亚
西太平洋
强东风（信风）
东太平洋
安第斯山脉
温水
冷水
上升流增强

温度升高。信风越强，太平洋东西两边的温差就越大。海洋学家乔治·菲兰德将赤道附近的东太平洋海水持续5个月以上比平均温度低0.5℃的现象称为拉尼娜现象。

3 从狩猎-采集到农耕

人类很好奇自己的起源，这不仅是因为人类热衷于寻找家族的起源。对人类来说，寻找人类的起源，是长久以来的夙愿。人类从好奇"最初的人是谁"开始，踏上了寻找所有人的祖先的漫长旅程。但令人惊讶的是，人类竟然完成了这项艰巨的任务。人类通过追踪体内的线粒体，发现了20万年前在非洲出现的最早的智人，这是一个被称为线粒体夏娃的女子。

约600万年前，在比当今人类的直系祖先出现时间还要早的时期，非洲茂密的森林变成大草原时，类人猿从树上来到了地面。他们开始用双脚走路，并开启了全新的生活方式。双手解放的类人猿开始徒手使用锋利的石头作为工具，用双脚走路使视野变得开阔，智力也随之提高。当时的人类虽然跑得不快，但可以一直追到猎物筋疲力尽。当然，用双脚行走也带来了分娩的痛苦和腰椎间盘突出等副作用。

用双脚行走的猿人虽进化缓慢，但也在不断地进化。比如，它们出现了很多身体变化，像适合直立行走的骨骼、适合杂食的消化器官、可以进行复杂思考的脑容量、可以说话的口腔结构等。他们可以使用火烹饪食物，过集体生活，可以制作工具等，朝生存所必需的方向发生了复杂多样的进化。最终，人类的直系祖先智人穿上了用兽皮制作的衣服，开始手持鱼叉，集体狩猎或捕鱼。

7.4万年前，由于突如其来的寒流和干旱，无数动植物濒临灭绝。而此时，智人离开生活了数万年的非洲，开始寻找新的家园。虽然在阿拉伯半岛上发现了10多万年前的智人的遗迹，但大部分遗迹都集中在气候变暖的6万年前。

智人的生活方式之所以变得复杂，是因为他们能够用语言沟通，并通过集体学习的方式把知识、技术和文化传授给下一代。通过对话，人类最多可以和150个人维持亲密的关系。在严酷的环境中，人们彼此共享信息，分享情感，加强合作和社会联系，最终得以生存下来。因为环境在不断变化，所以考验依然存在，但人类的遗传基因所蕴藏的生存能力，将考验变成了新的机遇。

纵观持续了约 10 万年的末次冰期，发现其全盛时的海平面比现在低约 100 米，当时斯堪的纳维亚半岛和北美洲全境都被冰川覆盖。公元前 1.4 万年左右，漫长的冰期结束，进入了间冰期。在严酷的环境中生存下来的人类，分散到全球各地。但是，一场意想不到的考验即将来临。

耐寒的植物——仙女木

仙女木属于蔷薇科仙女木属，开白色的花，是一种常生长在高山和寒冷地带的非常耐寒的植物。在末次冰期末期，地球逐渐变热，极地的冰川和终年不化的积雪开始融化，几乎要消失的仙女木覆盖了整个欧洲。以前只能在苔原等气候寒冷的地区才能看到的仙女木的花粉为什么突然扩散开来？气候学家在提取格陵兰岛的冰芯分析当时的气温变化时，发现从约1.3万年前开始，气温曾在1 000年的时间里持续下降。仅几十年的时间，平均气温就下降了5℃，这在气候历史上非常罕见。

学者研究了在这么短的时间内，如何发生这样意想不到的气候变化。但让人头疼的是这些想法与米兰科维奇理论不一致。此后，首先出现的假说是海因里希事件。该假说认为，这一现象是由气候急剧变暖导致巨大的浮冰和冰川融化的淡水流入海洋，大洋传送带出现异常，热盐环流停止造成的。特别是位于北美洲的阿加西湖泛滥，流入北大西洋后，北大西洋表层水的密度变小，阻断了墨西哥湾流的流动，使热量无法传送。

另一个假说是基于2015年格陵兰岛的冰川下发现的直径约30千米的火山口，这就是陨石撞击说。直径约

最早到达美洲的开拓者

约 2.1 万年前,末次冰期后期,北半球高纬度的大部分地区被冰川覆盖。现在将阿拉斯加和西伯利亚分开的白令海峡,当时是一座"白令陆桥"。冰川扩张,干旱状态持续,导致海平面下降,海底露出水面,居住在西伯利亚的一部分智人穿过白令陆桥,移居到了美洲。根据在新墨西哥州克洛维斯地区发现的大约 1.4 万年前的大规模石器,有人提出最早的美洲开拓者是克洛维斯人的假说。此后,又有证据表明,有人比他们更早进入南美洲南端,因此关于谁是最早进入美洲的开拓者这一问题,还有不少争论。

新仙女木事件发生期间的气候变化

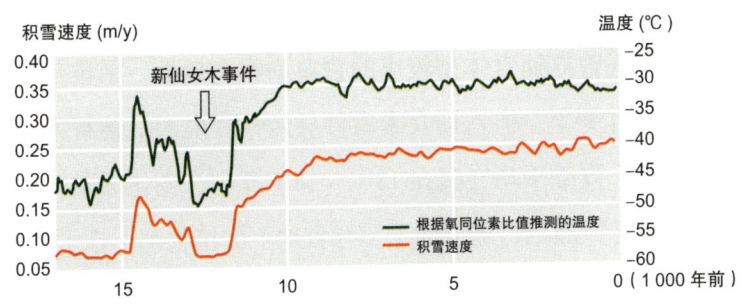

积雪速度 (m/y)   温度 (℃)

新仙女木事件

—— 根据氧同位素比值推测的温度
—— 积雪速度

15　　　　　10　　　　　5　　　　　0（1 000年前）

在新仙女木事件发生期间，北半球高纬度地区气温下降10℃，欧洲地区气温下降3℃～4℃。全球气温平均下降5℃～7℃甚至更多，地球相对来说比往常更加寒冷干燥，并且迎来了长达千年的干旱

1千米的陨石坠落在地球上，导致整个地球的气候发生了变化。北半球变得寒冷潮湿，南半球变得温暖干燥，在智利的沉积层中发现的花粉等物质可以看出当时的植被发生了改变。陨石撞击引起的大火灾还被认为是导致当时大型哺乳类动物灭绝的罪魁祸首。

新仙女木事件的冷却现象导致北半球，特别是非洲和亚洲地区的季风减弱，出现了长达千年的干旱。在此之前，人类还在猎捕猛犸象和巨鹿等大型动物，并过着迁徙的生活。但进入间冰期后，气候变暖，大型动物逐渐减

3　从狩猎-采集到农耕　　67

少。突如其来的环境变化，导致约有 95% 的大型哺乳动物在 1.4 万—1.1 万年前从地球上消失了。

智人曾靠捕食体型较小的食草动物和鱼类，采集水果和坚果等为生。但新仙女木事件导致气候酷寒，使智人难以觅食。夏季平均气温在 13℃~14℃浮动，变化无常。在冬季，狂风凛冽，极度的干旱导致地上的植物都干枯了。

种植农作物与驯养动物

人类要想生存下去，除狩猎和采集以外，还需要另一种食物来源。这时，人类找到了低洼地带的湿地。人类从

好不容易找来的种子中发现了可以种植的种子，并逐渐学会了驯养动物的方法。人们还在幼发拉底河流域发现了该时期种植黑麦的痕迹。人们意识到，对于刚捕回来的动物，与其直接杀了吃肉，不如喝它们的乳汁，并将它们圈养起来繁殖幼崽。于是，人类通过耕种农作物，圈养牲畜，过上了定居生活。

气候模型显示，在新仙女木事件结束后不过50年，气候就迅速变暖了。吹过大西洋和地中海的风从寒冷干燥的东北风变为湿润的西风，降雨量开始增加，水稻、玉米等作物和坚果等可食用植物生长的地区也变多了。同样，

动物的种类也增加了。始于困难时期的农耕方式从此成为新的生活方式。

大约1万年前,农耕是为解决粮食不足问题而找到的新的生存手段,也是为养活快速增加的人口而不得不做出的选择。为了更有效地获得所需的能量,人类必须挑选出高产的作物和家畜。和人一样,动物和植物也在适应不断变化的气候。特别是该时期出现了可以关闭气孔,进行光合作用的 C_4(碳四)植物,能够在干燥环境中生长的作物增加,农耕规模不断扩大。随着农耕技术的发展,人们的餐桌上出现了各种各样的菜肴。

通过农耕,人类生产出了多余的粮食,开始出现不直接参与粮食生产,指挥大规模灌溉工程等工作的指挥者,从而出现了身份和等级的差异。另外,随着远距离贸易和战争等复杂的社会经济现象的出现,人类文明得以诞生。在大历史中,将这种变革的起点——农耕视为一个转折点。

柯本气候分类法

随着农业的发展,人们开始对天气和气候产生了兴趣。植物生长所需的温度和降水量各不相同,因此植被的分布情况成了区分气候的基准。1918年,柯本注意到这一点，以温度、降水量以及一些细微的气温变化为基准，通过观测 100 多个地方的气候，对主要气候进行了分类，包括热带雨林气候、热带冬干气候、草原气候、沙漠气候、温和常湿气候、温和冬干气候、温和夏干气候、冬寒常湿气候、冬寒冬干气候、苔原气候、永冻气候等 11 种气候类型。

柯本气候分类法将树木有无作为基本标准，分为存在森林的热带（A）、温带（C）、冬寒（D）和不存在森林的干旱带（B）、寒带（E）。在地图上标记的话，就是按字母顺序从 A 到 E 依次从赤道到高纬度地区进行标记。然后，再用小写字母表示降水的季节性差异，若遇到必须细分的情况，再添加一个小写字母以区分相似的环境。之后，又结合 R. 盖格尔和 W. 波尔等学者的意见，增加了字母 H，用来表示高山气候。

如果用柯本气候分类法来区分韩国的气候的话，那么，首都地区和中部地区冬季干燥，夏季炎热，可以用 Dwa 来表示，而南部地区可以用 Cwa 来表示。东海岸和西海岸的部分地区则属于 Cfa。柯本气候分类法还适用于了解特定地区的农耕、文化、工业等与气候关系密切的因素。

在以植被为中心的气候分类中,"界线"这一概念尤为重要。像高纬度、高山、低温、干燥等不适宜树木生长的环境,需要用界线来具体标明不适宜树木生长的高度或纬度。简言之,就是在地图上标出苹果、红薯、松树等可正常生长的最北端界线。在北极圈有白桦树和针叶树的生

长界线，一旦越界，这些树木就无法生长。

当然，这些界线并不是固定的，而是随气候的变化而逐渐变化。由于全球变暖，农作物栽培的界线正在发生明显的变化。人类对变化的气候不能只是袖手旁观，而应该考虑引进新作物等对策。例如，之前只能在济州岛栽培的橘子，已被引进到韩国南海岸地区。济州岛地区现在也在试图种植杧果和木瓜等一些之前无法在韩国生长的作物。

1 万年间的气候变化

柯本气候分类法可使我们了解全世界的气候。那么，接下来我们一起来看一下，末次冰期之后的气候变化对人类历史产生了怎样的重大影响。从约 1 万年前到现在的这段时间是全新世。在约 1.3 万年前的新仙女木事件以后，气温急速上升，大陆冰川融化，造成海平面上升，当时的海平面比现在高 3 米~5 米，之后逐渐下降到与现在差不多的高度。该时期，地球的年平均气温以 15℃为基础，以一定的周期在气候适宜期和小冰期之间反复。该周期短则几百年，长则千年以上，但地球整体上进入了温暖的稳定期。

公元前 8000 年左右，在最温暖的气候适宜期，欧洲

1.1 万年间北半球的气温变化

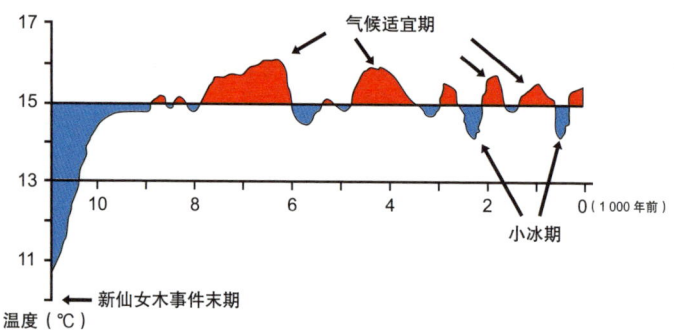

气候适宜期

小冰期

新仙女木事件末期

温度（℃）

（1 000 年前）

观察持续约 1 万年的全新世时期北半球的平均气温变化，可以发现大大小小的温暖期（气候适宜期）和寒冷期（小冰期）在循环往复（图表上 X 轴的单位 0 表示约 2 000 年前，换算成公元前的话，数字 2 附近表示公元前 2000 年左右）

的平均气温比现在高 2℃~3℃。当时，连北部都生长着郁郁葱葱的阔叶林，亚洲南部和非洲也深受季风影响。连现在是沙漠的撒哈拉地区当时也因季风出现了降雨，成为被牧草覆盖的大草原，甚至还有水牛和河马栖息。

公元前 5300 年左右，绿色的撒哈拉地区开始被黄沙覆盖。气候适宜期结束，气温逐渐下降，季风减弱，河马和水牛在公元前 2600 年后的埃及的记录中已经完全消失了。撒哈拉沙漠可能是受哈得来环流中的副热带高压带影响而变干燥的。现在，包括撒哈拉沙漠在内的大部分沙漠都位于纬度 30° 的副热带高压带附近。过去，撒哈拉地区之所以受到季风的影响，是因为在那个时期，地球自转轴的倾斜角比现在大，副热带高压带影响的地区大约在纬度40°，高于现在的纬度。但之后副热带高压带因下沉气流而变得干燥，随着地球自转轴倾斜角的变化，撒哈拉地区再次变成了沙漠。

从公元前 5000 年开始，持续了 1 000 多年的气候适宜期使地球上的植被得以繁殖。据推测，当时的总人口为 1 800 万左右。人们聚集到土壤肥沃的地区，开始定居生活，形成了大规模的社会团体。农民也开始有意识地想要拥有属于自己的土地，此外，为了在有限的土地上获得更高的产量，农业技术开始发展。

从公元前 3000 年开始，地球就一直处于极度寒冷干燥的状态。大部分海平面下降了 10 米左右。公元前 1500 年左右，全球气温急剧下降了约 3℃，在格陵兰岛和南极的冰芯中还发现了大规模火山爆发的痕迹。在寒冷干燥的时期，冰川一直覆盖到欧洲北部，森林线也往南移。在这种干燥的环境中，山火频发。

从公元前 200 年左右开始的约 400 年间，地球上气候温暖，降水量丰富。现在已经变成沙漠的中亚地区的一些城市，得益于适宜的气候，沿丝绸之路发展起来。当时的大帝国之一罗马，在这一时期也因稳定的粮食生产而繁荣起来。

回顾过去的 1 万多年，我们可以很容易发现，周期性的气候变化对人类文明产生了不小的影响。那么，接下来让我们进一步了解人类在这样的气候环境中是如何生活的吧。

人类文明的黎明

由于气候环境的变化，人类以农耕为基础，逐渐走上了繁荣的文明之路。在农耕社会，人类以耕地和畜牧空间为中心形成村庄，需要养活的人口也逐渐增多。公元前 3500 年左右，在底格里斯河和幼发拉底河之间土地肥沃的地区——美索不达米亚平原上有一座名为乌鲁克的城市。那里有长 9.5 千米的圆形城墙和巨大的金字塔，生活着 3 万~5 万从事各种职业的人。乌鲁克是依靠农耕发展起来的新月沃地上出现的人类历史上最早的城市。

直到公元前 5000 年左右，人们才真正开始在新月沃

乌鲁克的金字塔

1849年,英国考古学家洛夫特斯在发掘位于伊拉克南部的古城遗址时,发现了乌鲁克城墙的遗迹,之后又发现了巨大的金字形神塔的旧址

地定居。但这一地带的气候,在1 000年后逐渐变得干燥起来,在该时期,撒哈拉逐渐变成沙漠。此后,人类逐渐向水资源丰富的江河边聚集,共同体的规模不断扩大。人们为了应对周期性干旱,决定共同修建灌溉设施。但要想开展如此大规模的工程,必须有一个领导者。而且,到底由谁来负责设计灌溉设施,由谁来负责准备建造设施所需要的材料,需要进行一定的分工,因此就有了等级划分,还出现了一部分不需要直接从事农耕的专业人士。

供水稳定后，农作物的产量大大提高。此时出现了一批收取一定薪水，看管剩余农作物，防止其被盗的军人。后来又出现了各种各样的新职业。在洪水等自然灾害频发的农耕社会里，人们相信可以受到超自然存在，也就是神的保护。因此，当时，神职人员拥有最高的地位。另外，随着制造和销售物品的人出现，调解纷争的法律和执法人士等也出现了，社会变得越来越复杂，城市也就此诞生了。

公元前2300年左右，居住在美索不达米亚重要城邦基什的一位园丁发现了被扔在篮子里的婴儿萨尔贡。萨尔贡原是阿卡德人，长大后成为一名英雄，先后征服了乌玛、乌尔、乌鲁克等城邦，建立了最初的阿卡德帝国。最终，人类文明迈出了一大步。

同一时期，埃及文明、印度文明和中华文明也诞生了。以农耕为基础的早期文明有以下几个共同特点。首先，这些文明都发源于大江周围，修建了大规模的灌溉设施。对于最高领导者来说，治水是最重要的任务，他们还修建神殿，信奉神灵。其次，它们都是通过征服周边城市成长为帝国的，在此过程中还出现了强有力的王朝，并形成了阶级社会。

人口越多，对气候变化的抵御能力就越差。特别是长期干旱直接关系到粮食问题，对文明的崩溃造成了巨大影响。一项地质学研究表明，在埃及，尼罗河的流量与王朝兴衰密切相关。一旦发生严重的干旱，人们就会陷入饥荒，从而引发暴动。相反，如果尼罗河的流量丰富，人们就会相信君权神授说，拥护并尊敬国王。

有趣的是，在美索不达米亚地区，很难预测因万年积雪融化而导致的洪水灾害等治水方面的问题，但尼罗河地区的洪水和干旱是周期性的，所以很容易预测。另外，美索不达米亚地区很容易受到外部攻击，但埃及北被大海、南被沙漠包围，相对比较安全，不太容易受到外部的攻击。这些差异都通过各自独特的文化特征体现了出来。在混乱不断的美索不达米亚地区，祈求现世安稳的祈福文化和能够解决现实问题的《汉谟拉比法典》等法律传播较广；而在埃及地区，为巩固绝对王权，建造了金字塔和狮身人面像，有关死后世界的文化比较发达。

从公元前2200年左右开始，大规模的火山爆发导致夏天逐渐消失，并出现了严重的干旱。最终，人们难以承受环境的压力，不得不背井离乡，移居到其他地方。没过多久，早期文明就落下了帷幕。在早期文明时期，人们在气候适宜期大规模发展农耕，在气候重新变干燥后，又在江河流域发展灌溉技术，解决了缺水问题，从而使得文明继续繁荣。但愈发密集的人口，使人类对气候变化的抵御能力越来越弱，并最终达到极限，导致文明衰退。以上就是人类的影响力还没有大到改变地球环境时期的故事。

4 冰与火的文明史

雪花、闪电、海岸线、蕨类植物的茎等在自然中看起来是没有规则的，但其实它们都呈规则分形结构，即它们的细微结构都与其整体结构相似。股市走势图的曲线，按分、小时、日，甚至年等单位不断上下波动，但有意思的是其形状与上述规则分形结构类似。如果把气候变化图表中的时间遮住，会发现即便处于不同区间的曲线，其相似度也非常高。就像由 CPU（中央处理器）、RAM（随机存储器）、SSD（固态硬盘）等构成的计算机系统，不同的程序发挥不同的功能一样，气候要素也根据物理原则相互作用，导致气候变化。

冰期和温暖期像跷跷板一样反复出现。造成其反复的要素主要是大气循环、海洋循环、冰川的盛衰以及火山爆发等。公元前 2000 年左右，古代文明衰退，地球村上大大小小的国家经历了兴亡盛衰，人类文明在历史上留下了痕迹。值得注意的是，位于灿烂的文明中心的民族经历了环境变化和社会变化，在向别的地区迁移的过程中，通过冲突与融合，文化不断交融，从而构成了更大、更复杂的网络。近距离观察这一历史现场，就会发现很多事例对于今天的我们仍具有警示作用。

寒冷干燥期，早期地中海文明的衰落

公元前 1500 年前后，整个地球的气候进入持续的寒冷干燥期。不过，气温与降水量相对增加的时期呈周期性反复。

公元前 1200 年前后，曾经以青铜器为中心繁盛起来的地中海文明突然衰落了。虽有其受到了"海洋民族"侵袭的记录，但具体原因尚不明确。文明的崩溃是由气候变化、异常天气、干旱引起的歉收和大饥荒，以及外敌入侵等各种因素综合作用造成的。

其中有一个最值得注意的假说，即干燥的气候导致植被的界线北移时，达到全盛期的文明需要大量木材。特别是地中海沿岸的国家制造了军舰等巨型船只，海上活动频繁。此外，修建建筑和制造武器都需要大量木材。于是，木材成为全盛期的文明世界中最重要的资源，但对气候变化非常敏感的森林遭遇了寒冷干燥、生存环境变差的状况。因此，科学家推测，很有可能是过度砍伐加速了文明的崩溃。

另外一个假说则认为，在该时期，历史上第二大规模的火山爆发导致文明急速衰退。希腊的圣托里尼岛原名为锡拉岛。据记载，锡拉火山的爆发使周边国家遭受了地震和海啸的侵袭。虽然目前有关这场火山爆发的确切时间还存在很多争议，但在冰芯中发现的火山灰和树木的年轮，都是火山爆发的证据。研究者认为，锡拉火山并不是仅仅一次大爆发，而是经历了数次爆发，研究者还在土耳其发现了厚达数十厘米的火山灰。

生存变得困难的世界上又出现了新的混乱。如果失去了赖以生存的根基的人类拥有了一种强有力的武器，会发生什么样的事情呢？答案就是他们一定会去占领适宜生存的土地。因此，原本在中亚过着游牧生活的雅利安人拿起用铁制作的武器，驾着装上轮子的战车，开始侵犯周边弱小的国家。他们的后裔应该是谜一般存在的"海洋民族"。来自出现在为数不多的记录中的"海洋民族"的威胁与当时环境的变化，导致了当时地中海地区社会的混乱和不安。青铜文明在公元前1 100年前后突然没落，这是人类

希腊圣托里尼岛

希腊有名的旅游胜地圣托里尼岛原本是一个岛，后来因火山爆发形成了巨火山口地形，该岛也被一分为五。锡拉火山爆发后的火山口被海水淹没

4　冰与火的文明史

历史上从未有过的,从此时到新的文明出现之前的这个时期被称为"黑暗期"。

寒冷干燥的气候导致了极端的干旱和作物歉收。因此,原本人口聚集的文明受气候的影响,大部分都遭遇了残酷的磨难。不过,该时期反而也成为一些势力扩张、文明发展的时期。地中海沿岸的腓尼基灌溉困难,在埃及文明衰落之时,该国为了用其主要作物橄榄油和葡萄交换粮食,集中做起了贸易。黎巴嫩山脉郁郁葱葱的森林为船舶制造提供了充足的优质木材,此时的大海也较为平静,适合进行海上贸易。于是,腓尼基人以航海术为基础,开始

锡拉火山爆发与亚特兰蒂斯

"强烈的地震与洪水频发,一天是白天,一天是黑夜,雅典人被埋入地下,亚特兰蒂斯岛也遁入了海底。大量的泥土淤积,从那个方向无法进入大海,原因是亚特兰蒂斯沉没了。"

这是柏拉图在《柏拉图对话集》中记录的幻想之岛亚特兰蒂斯,迄今人们仍然围绕它的真实性争论不休。从时间上来看,应该没有像柏拉图描绘的那样发达的文明存在过,也没有任何有关亚特兰蒂斯曾经存在过的其他记录。即便亚特兰蒂斯是柏拉图想象出来的岛屿,灵感来源也有据可循。克里特岛的米诺斯文明灭亡之时,正是锡拉火山爆发之际,这些证据可能让柏拉图对大灾难造成的文明崩塌产生了灵感。

开拓殖民地，扩张势力。于是，第一个基于商业而非农业的文明得以出现。受气候影响较小的腓尼基开始在世界上真正发挥影响力。

从宏观的角度来看人类历史，可以发现，相比温暖、降水量丰富的气候适宜期，在寒冷干燥的寒冷期的混乱中，人类更有可能实现新的飞跃。此时，铁器已经普及，等级秩序强化，社会秩序也得到了重构。在不同地区的民族相互交流和融合的过程中，为克服现实苦难而出现的宗教和思想开始兴起。

佛教、犹太教、印度教等宗教和希腊哲学、自由主义、儒家思想等思想出现的时间点虽各不相同，但形成体系并开始广泛传播的时期基本都在寒冷期。

罗马温暖期，连接大帝国的丝绸之路

公元前 500 年左右，由七座山丘组成的城邦罗马，其政治、社会、经济等制度都得到了发展，开始形成共和体制。公元 200 年左右，罗马统治了包括希腊、埃及在内的巴尔干半岛、北非和美索不达米亚的部分地区，迎来了最繁盛的时期。"条条大路通罗马"，成为世界上最大帝国的罗马是气候适宜的温暖期的最大受益者。

有趣的是，罗马帝国兴盛的契机在温暖期还没有开始、气温骤降的公元前 250 年。在寒冷干燥的时期，受干旱、饥馑、植被变化的影响，罗马的海洋势力大大萎缩。当时，处于北非撒哈拉沙漠北部的迦太基成为控制整个地中海地区的海上势力。罗马与迦太基围绕地中海的霸权展开了争夺。持续了 200 多年的布匿战争的最终胜利偏向了罗马。在这决定性的时刻，迦太基的汉尼拔将军率领大象部队翻越阿尔卑斯山，开始进攻罗马。有些历史学家认为，罗马在寒冷期的气候变化中处于相对有利的位置，可能正因如此，迦太基没有选择对自己不利的海战，而是选择绕路，通过陆路进攻罗马。汉尼拔的进攻最终没有获胜，反而遭到了罗马的反攻，第二次布匿战争以迦太基的失败而告终。

得益于有利的地形，罗马在寒冷期既没有那么寒冷，也没有那么干燥。另外，这里木材丰富，处于向大海和陆地发展的最佳位置。公元前 200 年到公元 200 年，是被称为"罗马温暖期"的气候最适宜期，此时的罗马以稳定的粮食供应为基础，获得了地中海的霸权，发展成为一个大帝国。

公元前 139 年，张骞奉汉武帝之命前往西域。13 年之后，他才得以重回汉朝。他开拓了一条南北迂回穿过塔克拉玛干沙漠，延伸到中亚各地的贸易之路。沿着这条路，汉朝的丝绸等物品被输送到中亚、印度、西亚和地中

汉尼拔的大象部队正在翻越阿尔卑斯山

第二次布匿战争期间,汉尼拔率领大象部队横跨伊比利亚半岛,翻越阿尔卑斯山脉,朝罗马进发。在最初几年,得益于异想天开的战略,迦太基军队捷报频传,但之后这些战略反而使其遭受了巨大损失。此外,由于来自本国的支援不及时,再加上罗马军队的反攻,汉尼拔只好率军队返回,第二次布匿战争以迦太基失败而告终

海，形成了名为"丝绸之路"的网络，将亚非欧大陆联系在了一起。

作为人类历史上最早的巨大网络，丝绸之路得益于温暖潮湿的气候。位于贸易之路上的大大小小的国家在丰衣足食的基础上，既可以出售自己的商品，又可以购买与生存无关的奢侈品。稳定的气候可以减少长途旅行的负担，特别是降水量充沛、位于沙漠中的绿洲城市得到发展，从而保障了丝绸之路数百年的繁荣。

从大历史的观点来看，帝国的扩张与网络的连接构成了全球规模的交换，这是一个重要的转折点。通过丝绸之路，罗马和汉朝之间得以进行交换，当然这些交换不仅局限于动植物和疾病的交换，而且涉及技术、宗教和思想等文化上的交换，范围极广。由各种直接或间接因素联系起来的城市与国家之间产生了多样的相互作用，发展与衰落

张骞的西行之路与丝绸之路
沿着张骞的西行之路形成的丝绸之路，始于汉朝首都长安，连接中亚的绿洲国家。历经多个朝代，丝绸之路拓宽，东至朝鲜半岛，西经巴格达和君士坦丁堡至罗马。

反复出现。

公元400年前后，寒冷干燥期再次到来，匈奴人的入侵再次造成了东亚地区的混乱，包括鲜卑人在内的北方民族收拾了混乱的局面，向南迁移，与南方政权对峙，多个政权更迭，这就是中国的南北朝时期。在中亚，游牧民族匈奴人因难以维持游牧生活，开始向欧洲迁移。差不多同一时期，生活在欧洲寒冷潮湿地区的日耳曼人也深受大饥荒的折磨，开始向南迁移。匈奴与日耳曼两个民族曾分居东西两端，因匈奴人长驱直入，来到日耳曼人的土地上，日耳曼人又向罗马迁移，最终形成了连锁大迁移。

而在这之前，罗马的势力得到了极度扩张，占领了无数的殖民地，并进行掠夺。得益于富饶的自然环境，罗马变得无比贪婪。罗马人的奢侈、浪费、傲慢与放纵，以及越来越寒冷的气候变化，使罗马逐渐分裂变弱。日耳曼人大量吸纳了从罗马帝国中分离出来的西罗马帝国的军队，最终，日耳曼人的雇佣兵队长奥多亚塞发动叛乱，把皇帝赶下了台。从历史上看，日耳曼人的大迁移是导致罗马崩溃的主要原因。

从罗马帝国分离出来的东罗马帝国受沿丝绸之路与从大海彼岸传播过来的瘟疫的影响而快速衰落。名为"查士丁尼瘟疫"的瘟疫席卷了整个君士坦丁堡（今伊斯坦布尔），导致约 2 500 万人丧生。瘟疫席卷了人口密集地区，造成了巨大的损失。特别是人们在寒冷期深受干旱与饥饿的影响，健康状况本来就不好，又没有卫生观念和医学知识，对疾病的抵抗力非常弱。

反之，阿拉伯半岛的沙漠化反而使其受到了保护，免受病原体的侵害。穆罕默德以麦加为中心，传播了伊斯兰教，依赖宗教信仰团结起来的伊斯兰世界通过军事征服了弱小的地中海国家。寒冷干燥的世界上涌动着新的波涛。

持续 300 年的干旱和玛雅文明的崩溃

公元 700—900 年，地球气温再次下降，变得不适宜人类生存。更重要的是，在该时期，整个地球遭遇了干旱，由此导致依赖农业生产的社会饱受粮食问题、社会不稳定、政治体制危机等一系列磨难。有一个事例很好地证明了这一点，那就是在美洲创造了独特文明的玛雅文明走向衰落。

生活在北美洲的原住民向南美洲迁移，形成了独特的文明。他们使用文字，发展天文学和历法，修建了巨大的建筑物。玛雅全盛期时，人口曾达 1 500 万，留下了令后人惊讶的历史痕迹。但繁荣了 1 000 多年的玛雅文明在经历黄金期后不久，于公元 900 年左右突然灭亡了。关于玛雅的灭亡，有传染病、外敌入侵、火山爆发等多种假说，但其中最有说服力的是干旱。

玛雅人最初在尤卡坦半岛上定居时，那里的气候环境并不适合农耕，只有一部分土地是肥沃的，其他大部分都是热带雨林，能够开垦的土地还时常受到暴雨的侵袭。在作物生长的重要时期，常有干旱或暴雨突然降临。玛雅人当时栽培的作物主要有玉米和大豆，他们从高处的蓄水池中引水灌溉，兴建水渠。为了在贫瘠的环境中生存下来，玛雅人利用知识和技术发明了新灌溉方式，这种方式即便放在现代也足以令人惊叹。不过，这样的智慧比较适合养活小规模的城市，而不适合养活大规模的人口。

公元800—900年，出现了生活着数百万人的大城市，其中有很大一部分是不从事农耕的贵族和神职人员。文明超过环境能承载的限度不过是时间问题。干旱导致粮食产量减少，不堪忍受剥削的农民只好抛弃土地，国王和神职

尤卡坦半岛的降水-蒸发平衡的变化

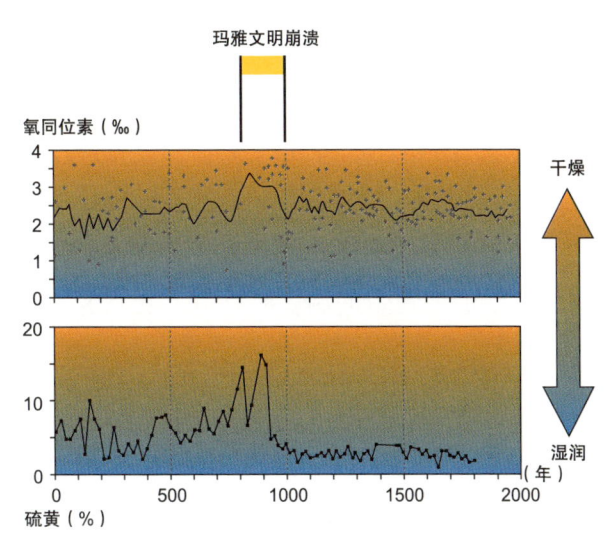

这是霍德尔通过分析尤卡坦半岛沉积物中的硫黄与氧同位素获得的降水-蒸发平衡变化的资料。从中可以看出，在玛雅文明崩溃的公元750—1000年，气候急剧干燥

人员用人牲来抚慰所谓雨神的愤怒。

有考古学家通过对比瑞典树木年轮中体现的寒冷期的间隔与成为废墟的都市碑文中的年代记录，发现自人类文明萌芽以来，降水最不足的时期是公元800—1000年。气候学家霍德尔采集了尤卡坦盐湖中的沉积物，对其氧同位素的比例进行了测定。以此为基础，他重构了2 000年间

降水量与水分蒸发量之间的比率。尤卡坦曾经历了三次干旱，最后一次干旱发生在公元 750—1025 年，是一场持续了大约 300 年的严重干旱，该结果与考古学家的主张相吻合。

2012 年，研究玛雅文明崩溃的联合研究小组通过玛雅文明中位于低地地带的洞窟的石笋，复原了过去 2 000 年的降雨量。通过研究，小组得出的明确结论是在降水较多的时期，玛雅非常繁盛，但随着干旱持续，玛雅文明逐渐衰落。有趣的是，这样的气候变化趋势与以赤道为基准的赤道低压带的移动以及厄尔尼诺现象的频率密切相关。在这项研究之前，考古学家保尔森就曾提出，南非的高山地带与海岸地带曾交替出现繁荣。后来，恩索等相关研究阐释了南部高山地带的干旱与北部低洼地带的强降雨交替出现的原因。

一度灿烂的玛雅文明没落的最大原因，是三次干旱引发的大饥荒。所有的系统都有其可支撑的限度。被饥饿折磨的人们对管理水资源的最高领导者开始产生不满和不信任，社会由此变得不稳定，暴动与叛乱导致了政治体制的变革，之前的文明系统崩溃，完全被其他体制代替。

气候最适宜期发出的异常信号

人类历史在经历了由寒冷导致的民族大迁移之后，出现了一个小气候适宜期。从事与该时期相关研究的气候学家休伯特·兰姆指出，出现干燥炎热的夏天与温暖的冬天的公元1000—1400年，平均气温比以往高1℃~2℃，他将该时期称为"中世纪温暖期"。1965年，兰姆像拼拼图一样把历史记录、葡萄等各种作物的耕作记录等地质学记录综合起来进行分析，然后对当时的气候进行了推测。但由于该研究没有使用冰芯和年轮等气候替代性指标，因此只停留在了假说的层面。虽然兰姆没有阐明气候变化的原因，但他称该时期出现的变化无常的气候为"异常气候"，它给欧洲带来了丰收和繁荣。

此后，人们逐渐发现了以格陵兰岛为代表的两极冰川逐渐缩小的事实。全世界的树木线北移，在深海沉积物、冰芯、冰盖的碳水化合物中，也发现了温暖气候曾经出现过的证据。欧洲研究人员确信，这是自文明诞生以来最温暖的时期。这也被用作否认当前全球变暖的证据。针对这些争论，考古学家布莱恩·费根指出，在该时期，确实出现了冰盖融化、树木线北移、海平面上升数十厘米的情况，但这并不是全球性的现象。相反，在除欧洲之外的其他大陆地区，由于全球变暖导致的异常气候，人类文明快

1 000年来的气温变化

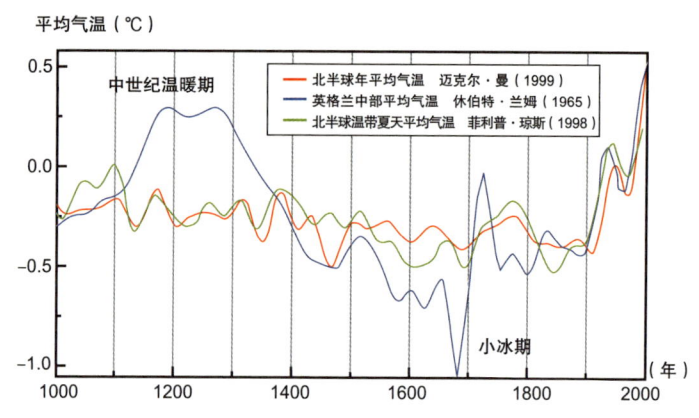

平均气温（℃）

中世纪温暖期

北半球年平均气温　迈克尔·曼（1999）
英格兰中部平均气温　休伯特·兰姆（1965）
北半球温带夏天平均气温　菲利普·琼斯（1998）

小冰期

（年）

不同的研究方法导致对1 000年来北半球气温变化的研究资料的结果有差异。1965年，休伯特·兰姆报告的结果（蓝色线）与20世纪通过冰芯、年轮等科学分析得到的结果存在相当大的差异。兰姆的研究显示，以20世纪60年代的年平均气温为基准，过去1 000年间气温上升了1℃~2℃；但以1990年的平均气温为参照时，过去1 000年间的气温只上升了0.5℃。而从对北半球的资料分析来看，过去1 000年间平均气温反而维持在较低的水平，由此难以证明全球变暖

速衰落。费根指出，中世纪的异常气候引发的严峻问题，应使人类对21世纪人类活动导致的全球变暖予以警惕。

在降水量充足的温暖气候条件下，欧洲的基督教势力发展起来。基督教势力为了收复宗教圣地耶路撒冷，与伊斯兰势力展开了漫长的十字军战争。一些学者指出，稳定

巴黎圣母院的火灾

巴黎圣母院始建于 1163 年，历经 180 余年才竣工，是世界上最早的哥特式教堂。法国大革命时，该教堂有很大部分受损，复原计划一直推迟，直到维克多·雨果的小说《巴黎圣母院》问世，才又掀起了复原运动。但 2019 年发生的火灾，导致该建筑的标志性塔尖和屋顶被烧毁

的气候环境使得农业产量增加，经济繁荣，人口剧增。在稳定的政治和宗教体制下，人们拥有动员大规模军事力量发动战争的能力。特别是现实的稳定得到保证后，人们开始越来越关心内心世界和死后世界，对绝对神的信仰成为重要的社会价值。由于气候变化，地中海洋流的流向发生

了变化，海战变得对欧洲人有利，茂盛的森林使他们能够制造大量军舰和武器。

公元1000年前后，受战争与瘟疫的影响，欧洲人口骤减到约3 800万，到14世纪中期，人口近8 000万，几乎翻了一番。人口达数十万的大城市数量增加，阶级结构变得更强。以位于上层管理层的领主和宗教领导者为中心，封建制度得到强化，他们建造祭祀神的神殿，以宣扬自己的威严。巴黎圣母院、科隆大教堂、威斯敏斯特教堂等哥特式建筑都修建于这一时期。

人口增加造成的森林破坏

公元1000—1200年，全世界人口增加至近2亿。其中，人口增加速度最快的欧洲，需要更多用于耕作和修建房屋的土地，以解决粮食问题。于是，人们砍伐茂密的森林，将其开垦成农田。1089年，英国国王威廉一世调查了森林的面积，结果令他大吃一惊，大约90%的森林变成了农田。当时，仅仅是砍伐森林增加的土地面积就达每人0.09平方千米。在全球变暖的研究中，非常重视植被的变化，因为植物的光合作用会影响大气中的二氧化碳浓度。人口剧增，导致人们不断开垦或砍伐森林，以增加农田，发展畜牧业，或建造船舶和建筑物。森林破坏降低了反照率，增加了温室气体排放量，这成为气候变化的主要原因。

当时，受欧洲气候变化影响最大的是维京人。维京人以北欧的峡湾和湖水周边为根据地，一直在无法种植农作物的贫瘠土地上与恶劣的天气做斗争。这里不仅气温低，而且雨雪频发，风大，导致无法依靠农耕生存。在冰川和海洋附近生活的维京人，掌握了预测天气、利用风力和洋流进行航海的方法。他们把这种方法用于掠夺往来的船只上。

峡湾
由于冰川侵蚀形成了"U"形峡谷，冰川消失后，海水涌入峡谷，形成峡湾。峡湾深入陆地深处，两侧海岸的倾斜度高。在挪威的海岸经常可以看到这种峡湾。

在中世纪温暖期，气候变暖导致冰川逐渐消失，格陵兰岛的温度足足上升了4℃。来自北海的风和风暴减弱，海冰减少。

维京人最早来往于冰岛与格陵兰岛之间，至今格陵兰岛仍有85%的地区被冰雪覆盖。这里冰天雪地、气候寒冷、日照时间短，不适合人类居住。但随着气候变暖，冰川减少，海岸地区出现了草原和溪谷。维京人来到这里，并把这里称为"绿色的土地"，也就是"格陵兰岛"。人们听说这里可以种植庄稼、饲养动物，还可以很容易就获得海产品等各种丰富的资源，所以开始移居至此。当时，在该岛的东端和西端两个定居地，大约生活着 5 000 人。

当时的欧洲还没有形成领主、农奴等等级分明的封建体制，所以维京人相对比较自由平等，但以能力为主的竞争非常激烈。在新的土地上站稳脚跟的维京人，依靠探险精神和征服世界的欲望，用卓越的造船术和航海术将自己武装起来，开始南下。维京人即使在变幻莫测的大海上也无所畏惧。最终，他们成了平稳海面上残酷并令人闻风丧胆的不法之徒。他们占领了英格兰和爱尔兰，经由今天的

英国和法国，进入东罗马帝国的君士坦丁堡，开启了维京时代。其中一部分维京人沿着通往北极的海路，一直来到了北美洲的纽芬兰。

维京人的迅猛发展得益于气候，同样，他们也受剧变的气候条件的影响，走上了下坡路。公元1300年前后，气温骤降，冰川开始扩张，海面上再次出现冰山，到处被浓雾笼罩。冰岛与格陵兰岛之间的大海冰封，曾经是草原的土地再次变成了贫瘠寒冷的冻土。格陵兰岛的名字失去色彩，变成了无人居住的地方。

挥动锤子的雷电之神托尔

漫威系列的主人公之一托尔来源于维京人神话中的雷电之神,他举着沉重的雷神之锤

维京人没有选择适应变化，而是想尽办法继续维持农耕生活。而当时夏天的气温降到了10℃以下，农作物的产量骤然减少，别说动物吃的饲料了，就连人的粮食都难以得到保证。航路中断，维京人也难以从欧洲大陆获得供给。海水的温度降低，原本还能捕到的鱼和海豹也失去了踪迹。树木消失，无法获得燃料，维京人陷入完全孤立无援的境地。于是，他们没有支撑多久，就很快消失在了历史中。

小冰期到来后不久，维京人就在历史上消失了。研究这一领域的研究者认为，此时生活在格陵兰岛另一端的因纽特人战胜了格陵兰岛、北极、阿拉斯加等地球最北端地区的严寒，生存了下来。研究者从因纽特人的遗物中发现了维京人使用过的金属箭头。不过，维京人没能学会因纽特人在严寒中生存的技术和文化。因纽特人以核心家庭为基础，形成小规模的人口集团生活。他们住在用冰雪建造的冰屋里，靠狗拉雪橇移动，猎取鲸、海豹等动物，以获取脂肪和蛋白质。到目前为止，格陵兰岛的居民大部分是因纽特人的后代。贾雷德·戴蒙德在《崩溃：社会如何选择成败兴亡》中提出了一个问题，那就是为什么维京人没能像因纽特人那样掌握适应环境的方法。正如戴蒙德的问题所警示的，维京人固守传统的生活方式，不能适应环境的变化，我们要从维京人的结局中发现我们的影子。

因纽特人

因纽特人生活在北极、格陵兰岛、阿拉斯加和加拿大北部地区,以渔业和狩猎为生,大约有5万人。爱斯基摩人是对他们的蔑称,意为"生食者"

拓展阅读

长白山与拉基火山

最近，我经常读到题为《长白山爆发迹象》的相关报道。长白山是一座火山，其山顶有一个储水量约 20 亿吨的火山湖。担心长白山爆发并不是杞人忧天。有证据表明，10 世纪，长白山曾发生过指数为 7 级的大规模火山爆发。在距离长白山 1 000 多千米远的日本，竟然发现了长白山爆发时产生的火山灰。一些学者指出，这是渤海国灭亡的原因之一。有关长白山爆发的争论之所以此起彼伏，是因为天池周围仍有岩浆涌动，火山性地震频繁发生。大部分地质学家指出，虽然火山爆发时间难以预测，但火山爆发的可能性高达 99%。一旦长白山爆发，会发生什么呢？我们来看一下有关 1783 年拉基火山爆发的记录。

1783 年 6 月，位于冰岛南部的拉基火山爆发，接触到岩浆的地下水迅速变成水蒸气，该火山的爆发指

长白山天池

位于长白山顶部的火山口湖。面积 9.8 平方千米，湖面海拔 2 194 米，最深达 373 米，蓄水量达 19.5 亿吨。一旦长白山爆发，天池水会导致大量的火山碎屑流排出

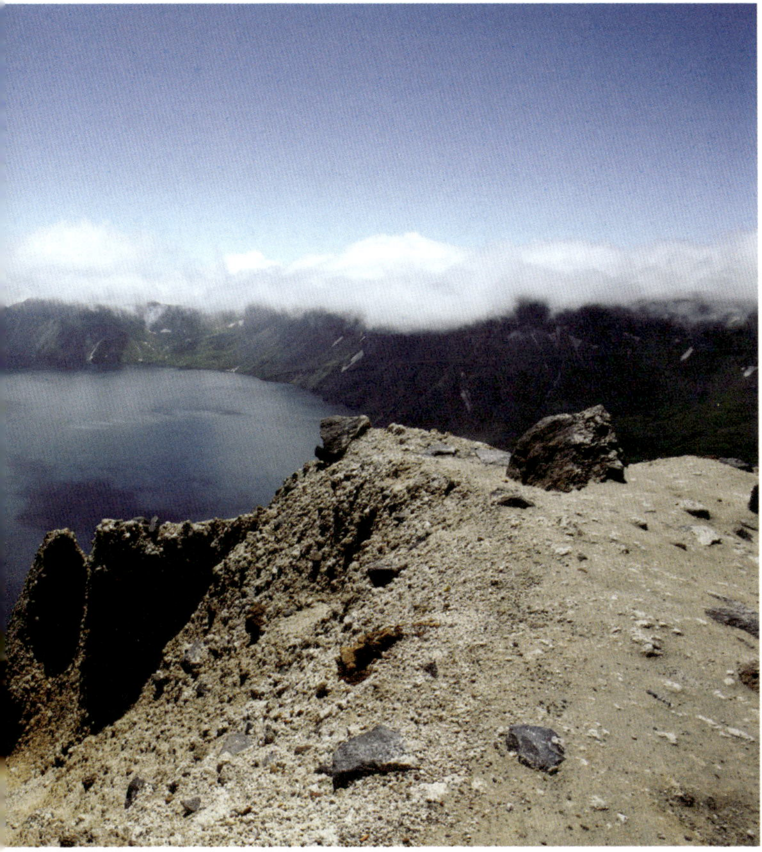

数为6级。连续喷发8个月的熔岩使冰岛南部地区形成了熔岩地带。这是人类历史上有记录以来熔岩量最多的一次火山爆发。

当时冰岛各地火势蔓延，浓雾和低温导致农业遭到破坏，喷发出的有毒气体导致一半以上的牲畜死亡。这些损失还影响到人，造成当地五分之一的居民因肺部疾病死亡。

更大的问题是喷发了数月的火山灰和火山气体。含有火山气体的酸性云变成了有毒的雨降落下来，含有火山灰的拉基浓雾带来了黑暗，船只只能被困在港口，海运强国瑞典深受其害。英国受大气中的火山灰影响，出现了太阳被乌云覆盖的"沙尘之夏"。法国和比利时下起了拳头大小的冰雹，农业遭受巨大损失。喷发到平流层的火山灰变成气溶胶，导致日照量减少，全球气温下降，夏天消失，核冬天到来。同时，对流层的火山灰影响了大气循环，季风消失，尼罗河水量减少，印度出现了最严重的干旱。大西洋彼岸的北美洲遭遇了严寒，新墨西哥湾地区出现了浮冰。那年冬天，英国连续28天气温在0℃以下。

"1783年夏天，欧洲和北美洲的大部分地区数月被浓雾笼罩。这本应是太阳照射北半球的时期，浓雾却数月不消，浓雾很干燥，没有变成降雨。由于浓雾的影响，日光很弱，即便使用放大镜聚光，也难以使褐色的纸张燃烧。因此，即便是夏天，地面也不热，反而因为热量丧失，很快开始结冰。因此，第一场雪还没有融化，就又下起了第二场雪，气温逐渐下降。风力变强，冬天带着难以抵挡的严寒到来。然而，没人知道浓雾产生的原因。"

当时生活在巴黎的本杰明·富兰克林详细记录了拉基火山爆发造成的异常气候。当然，以当时的科学技术和通信手段，富兰克林很难将其与冰岛的火山爆发联系起来。火山爆发之后的几年间，农业连续歉收，极端寒冷的冬天与饥荒反复，人类的生活也遭遇了很大的灾难。一些历史学家指出，拉基火山的爆发引发的贫困和社会动荡为1789年法国大革命埋下了火种。

5 人类世与导火索

在韩国电影和电视剧中，曾出现过以朝鲜时代为背景的僵尸题材的作品。虽然这些电影和电视剧大部分都是虚构的，但也是从真实事件中获得的灵感。

死于未知传染病的人变成恶鬼，伤害活人，这一故事的背景为1670—1671年，也就是朝鲜显宗十一年发生大饥荒的时候。在两年的时间里，地震、干旱、霜冻、台风、病虫害等各种自然灾害频发，导致了歉收和大饥荒。据记载，在这期间，大约有10%的朝鲜人丧生。这场饥荒被称为"庚申大饥荒"。因灾难而死的不仅有奴婢、平民，而且有士大夫甚至王室宗亲。当时社会上出现了抛弃父母子女的违背人伦之事，甚至出现了吃人肉的人间惨剧。这场几乎让朝鲜社会陷入绝境的大灾难是

怎么发生的呢?

从整个气候史来看,该时期是全球范围内气温降低1℃左右的小冰期。不仅是朝鲜,当时的欧洲、非洲、亚洲和美洲等都因突如其来的气候变化而蒙受了巨大损失。特别是1645—1715年的气温比现在低约2℃。虽然气温只降低了1℃,但冰川覆盖了冰岛和格陵兰岛,还影响到阿拉斯加和阿尔卑斯山等高山地带。冰川的扩张影响了大气循环,导致变化无常的气候异常现象出现,霜冻、洪水和干旱等自然灾害发生,给人类文明带来了巨大的影响。人类对气候决定论的担忧没有消失,这是人类文明自诞生以来最明确无误的一次海因里希事件。

科学家们一般认为,小冰期出现的原因有太阳能减少、火山爆发、海水循环发生变化等。历史学家将此次小冰期称为全球危机，气候学家则为该主张提供了证据。气候学家指出，在小冰期气候变化中，最值得注意的是不稳定的气候变动。一说到小冰期，人们就会想起像冰期一样冰封的场面，而其实在小冰期，有的地方寒冷，而有的地方则出现不正常的热浪或暴雨。问题是，持续数十年的气候变得完全不可预测。在17世纪的小冰期，到底发生了什么事情呢？

"死日"和大洋传送带的不正常运转

太阳通过氢核聚变释放巨大的能量，是宇宙中的原子炉。太阳表面出现的黑子是太阳核聚变反应产生的磁场环消失后形成的，其亮度不及周边光球层的40%，相对看

> **气候变化与气候变动**
> 气候变动指的是气候在几个月到几年的时间里，没有大幅度偏离平均值上下浮动的现象。气候变化是指经过数十到数千年的长期变化，气候脱离了平均值，变成其他状态的情况。厄尔尼诺与拉尼娜现象引发的洪水和干旱都属于气候变动，全球变暖属于气候变化。

太阳黑子

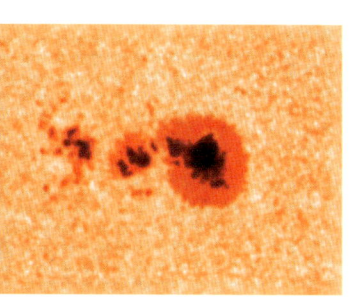

黑子的温度比太阳平均温度低 4 000℃～5 000℃，直径在 1 500 千米到 10 万千米。出现在太阳表面强磁场区域的黑子在太阳极大期时，最多可达 200 多个

起来是黑色的斑点和线。19 世纪中期，天文学家施瓦贝证实太阳黑子以 11 年为周期增加或减少。

太阳黑子活动最少的时期叫极小期，太阳黑子活动最多的时期叫极大期。在极大期时，太阳活动频繁，看起来更明亮，到达地球的太阳能增加。反之，在极小期，释放出的太阳能减少。最近，人类通过人造卫星测量太阳能。结果显示，黑子活动周期之间存在 0.1% 左右的差异。这种差异会导致大气圈温度发生 0.5℃～1℃的变化。

黑子数

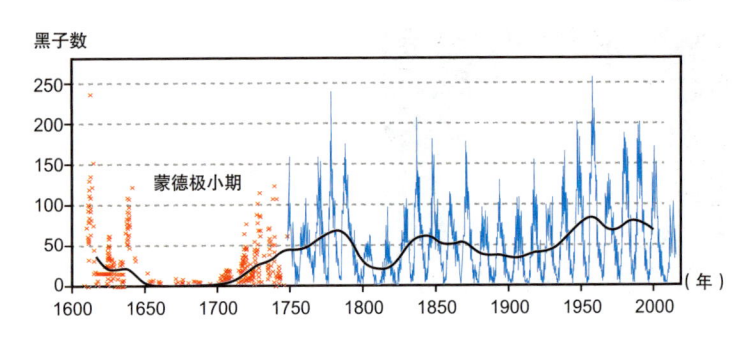

1600—2000年的黑子活动记录显示，黑子数量最少的时期出现在1645—1715年的70年间。该时期被称为"蒙德极小期"，与小冰期的最高峰时间吻合

　　1460—1550年与1645—1715年，这两个时期几乎都观察不到太阳黑子的活动。黑子消失的现象被称为"死日"，气候学家解释说，该时期处于小冰期的全盛时期。当然，仅靠黑子减少难以解释小冰期的极端气候变化。气候变化不是由一个原因，而是由很多气候因素复杂地相互作用引起的，极端的变化是由很多偶然叠加在一起发生的。

　　在该时期的欧洲，可以见到异常的河湖冰冻，纬度较低地区的山也被白雪覆盖。

　　在欧洲发生气候变化的原因中，值得探讨的是对该地区气候影响最大的北大西洋涛动。北大西洋涛动是由海上的气压差形成的现象。20世纪初，北极和欧洲附近的海域曾出现过相反的气压，由于气压差异，影响欧洲气候的偏西风的风力发生了变化。

正如前文所述，电影《后天》中描绘了因全球变暖导致冰川融化、淡水流入海洋，从而影响热盐循环的现象。当时沿大洋传送带移动的北大西洋洋流的水温比现在低5℃。南极附近形成的寒冷的深层水的量远多于现在，打破了之前一直维系着的北大西洋变动的框架。

覆盖在北冰洋上的冰川不仅阻碍了冰岛与格陵兰岛之间的航路，而且影响了洋流的流向。被冰雪分开的南北之间出现了严重的海水温差，导致此时期北海地区海啸及飓风频发。进入黑子极小期后，太阳能减少，通过海洋维持的能量均衡被打破，欧洲全域遭遇了小冰期寒流。在当时画家的绘画作品中，经常可以看到冰冻的伦敦泰晤士河上有人在滑冰的景象。

坦博拉火山爆发与无夏之年

小冰期即将结束时，又出现了一大变故。自16世纪末以来，世界各地都在发生火山爆发，其中包括：1580年左右巴布亚新几内亚比利-米切尔火山爆发，1600年南美

冰冻的泰晤士河

1677年,亚伯拉罕·洪迪厄斯所画的《冰冻的泰晤士河》。像冰川一样冻得结实的泰晤士河上出现了滑冰场和举办滑冰节等前所未有的场景

洲爆发指数最高的火山——于埃纳普蒂纳火山爆发,1641年菲律宾帕克火山爆发,以及1783年冰岛拉基火山爆发。一直喷发至平流层的火山喷发物变成了气溶胶状态包裹着地球,影响了太阳能的照射。在蒙德极小期,大洋传送带运转不正常,再加上火山爆发,导致地球凭借自身的力量难以恢复平均气温。

1815年4月,印度尼西亚的坦博拉火山爆发,火山爆发指数为7级。有记录称,当时在约1 300千米外的地方都能听到火山爆发的声音，高4 000米的坦博拉火山缩减到2 800米左右。火山爆发产生的熔岩覆盖了方圆40千米的地区。后来人们对坦博拉火山的爆发进行了模拟，据推算，当时大约产生了150亿吨火山灰，火山灰甚至扩散到了600千米远的地区。还有记录称，当时曾连续三天看不到太阳。硫黄等火山气体污染了大气，扩散到平流层的气溶胶导致北半球平均气温降低了0.3℃～0.4℃，而西欧与美国东部的夏季气温比平均气温降低了2℃～5℃。

坦博拉火山爆发后产生的熔岩、火山碎屑流、泥石流以及放射性尘埃，导致1万多人丧生。损失并没有就此止步。一直深受小冰期气候变化影响的农作物遭受了致命一击，它们在本应接受日晒的时候遭遇了暴风雪，损失严重。饥荒和传染病等灾难接连不断，仅在欧洲就造成了数十万人死亡。人们没有可吃的食物，马也都挨饿致死，于是一种替代马的运输工具——木轮车开始登上历史舞台。

1816年，英格兰、北欧、北美洲的夏天也都出现了霜冻天气，这就是由坦博拉寒流导致的"无夏之年"。当时的人们并不知道为什么没有夏天。有人认为是北极的冰山融化了，也有人认为是日出和日落时观测到的黑子的数量导致的。甚至还有人传言说看到日晕，认为这是神对人发出的警告。在美国，有人批判这是几年前富兰克林进行

火山碎屑流与泥石流

火山爆发时，造成直接危害的是熔岩、火山碎屑流（上图）以及泥石流（下图）。熔岩的移动速度较慢，动物在一定程度上可以避免受害，但火山碎屑流和泥石流的速度超出想象，它们瞬间就可以摧毁和淹没包括人在内的所有物体。植被遭到破坏，地表水被污染，周围的江河被切断，导致洪水暴发或水流流向改变。另外，火山爆发产生的熔岩还会使冰川融化，引发洪水

奇切斯特运河

1815年，英国著名画家威廉·透纳的作品《奇切斯特运河》。从画中可以看出，坦博拉火山爆发后，整个北半球的天空中出现了黄色的晚霞，这是火山灰随着气流扩散到大气中而产生的现象

避雷针实验造成的结果。突如其来的环境变化不仅使人们感到不安，而且出现了《弗兰肯斯坦》和《吸血鬼》等恐怖小说。

当时超大型火山爆发的消息传到英国，至少需要6个月的时间，所以人们自然不会想到这是火山爆发造成的影响。直到1920年，美国的汉弗莱斯在论文《坦博拉火山爆发与1816年的世界气候剧变》中才阐明了二者之间的联系。

克服残酷时代的突破口

　　13世纪末，欧洲的人类文明经过了气候适宜期，在各个方面都实现了繁荣。但此时出现的小冰期这一气候变化已经超越了一般的气候变动，给14~19世纪的人类带来了残酷的挑战。寒冷和频繁的气候变化，使依赖农耕生活的人们深受粮食短缺、传染病等导致的高死亡率、生产力低下、物价暴涨等折磨。由此爆发的暴动和农民起义，使整个国家陷入了危机。1628年，中国的大饥荒使民众难以生存，从而爆发了李自成领导的农民起义，清朝取代明朝，入主中原。

　　除阿拉斯加、冰岛、格陵兰岛、斯堪的纳维亚等地之外，甚至位于欧洲中部的阿尔卑斯山都被冰川覆盖，气候适宜期时扩张出来的农田数量骤减。英国早在15世纪中期就已经不再适宜葡萄种植，欧洲典型的葡萄酒产地萎缩，剩下为数不多的几个葡萄酒产地的产品质量也非常糟糕。德国等地的粮食产量不稳定，粮食价格因气温变化而暴涨。挪威典型的水产鳕鱼和鲑鱼从寒冷的北海南下，成为荷兰主要的水产品。反之，突如其来的闷热导致家畜死亡，洪水还导致了10万人以上死亡。随着全方位的粮食减少、传染病肆虐，再加上气候变化，人们只好放弃农业和渔业，移居到其他地方，寻找活下去的方法。

小冰期的气候变化带来的长期痛苦削弱了政府的权威。权力阶层思考的不是如何改变社会结构，而是通过用人当牺牲品的不合理形式来解决问题。民众想知道自己为什么遭遇不幸，因此神职人员就将严酷的气候变化和恐怖的灾难说成是神对邪恶的女巫做出的惩罚。于是，他们代替神，对"女巫"进行了残酷的猎杀。14～17世纪，欧洲有20万～50万人因"猎杀女巫"被害，其中2/3是女性。带领法国赢得百年战争的圣女贞德也成了"猎杀女巫"事件的牺牲品。失去了最后的理性，集体发狂的欧洲会就此走向崩溃吗？

《朝鲜王朝实录》中记录的流星

韩国历史学家李泰振通过《朝鲜王朝实录》中的记录，推测出了17世纪东亚全境爆发大饥荒的原因。他关注实录中有关流星的记录，发现当时流星数量突然剧增，体积也比之前大，它们在空中大规模爆炸，其尘埃扩散到了大气圈中。这种冲击虽比小行星撞击地球更小，但《朝鲜王朝实录》中记载的"有色天气"、日晕、雾气般的黑暗、太阳异变等各种现象都是由于流星爆炸而产生的。李泰振认为，流星爆炸是造成17世纪中国的清取代明、大洪水、地震等自然灾害，朝鲜的壬辰倭乱、丙子之役、庚申大饥荒、乙丙大饥荒，日本推翻江户幕府的大饥荒等东亚地区大混乱的原因之一。

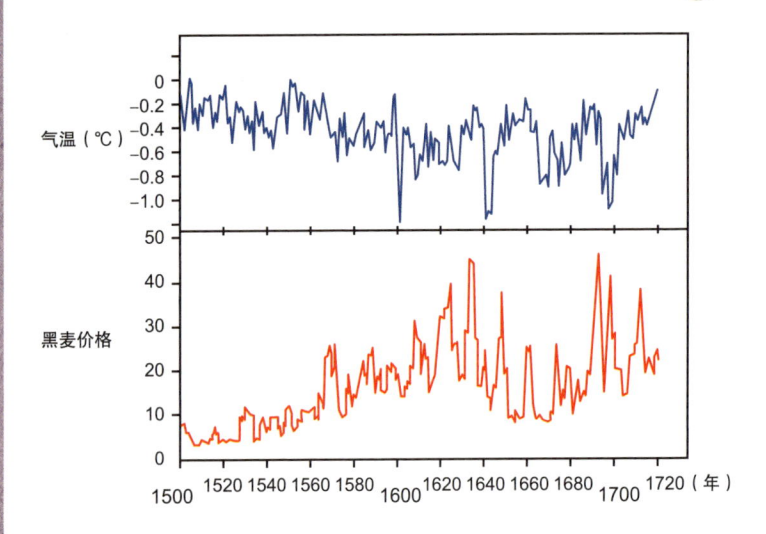

1500—1720 年德国的气温变化与黑麦价格的变化

小冰期时，德国气温骤降，黑麦价格飞涨。不仅是黑麦，葡萄等农作物的价格也随气温变化而剧烈变动

　　改变最先从英国开始。农作物歉收，人们需要新的农业技术和工具。随着天气变冷，对羊毛的需求激增。于是，养羊比种植农作物更有利可图，地主纷纷将农田变成牧场，掀起了"圈地运动"，导致大量农民失去了土地。并且，原本是家庭手工业形态的纺织产业，随着纺织机等机器的发明，逐渐变成了工场手工业。

　　这是幸运还是不幸呢？席卷英国的长期寒冷破坏了森

林，导致木材价格上涨了700%，失去了作为燃料的价值。于是，煤炭取而代之，成为主要燃料。初期，人们可以开采难度较小的露天煤矿。但随着对低廉的煤炭需求越来越大，人们开始挖坑道采煤。正是在这个时期，蒸汽机被发明，煤炭产业得到了快速发展，失去工作的农民离开农村，开始向煤炭工业聚集的地区集中。煤炭供给逐渐变得充足，冶铁技术得到发展，拥有机械设备的地方形成了大规模的工业区。

世界从地主与雇农的社会，演变成资本家与工人的社会。人们得以摆脱顽固的身份等级制度的窠臼，高声呼吁自由和平等。始于英国的工业革命的火种越烧越旺。工业革命时期，纺织技术发达，工厂林立，蒸汽机的发明大大提高了效率，化石燃料成为主要的能源，钢铁产业得以发展。令人惊讶的经济发展宣告了自由主义经济时代的到来，它建立在无形但超级强大的资本基础之上。

差不多在同一时期，法国爆发了另一场革命。火山学家雅克·埃科兹认为，1783年冰岛拉基火山的爆发，导致法国农作物产量骤减，粮食价格攀升，这是法国大革命爆发的主要原因之一。此外，1788年的超大型冰雹造成了进一步的损失，终于在1789年，一直艰难度日的大部分民众朝王室发出了怒火。人们为了获得革命所需的武

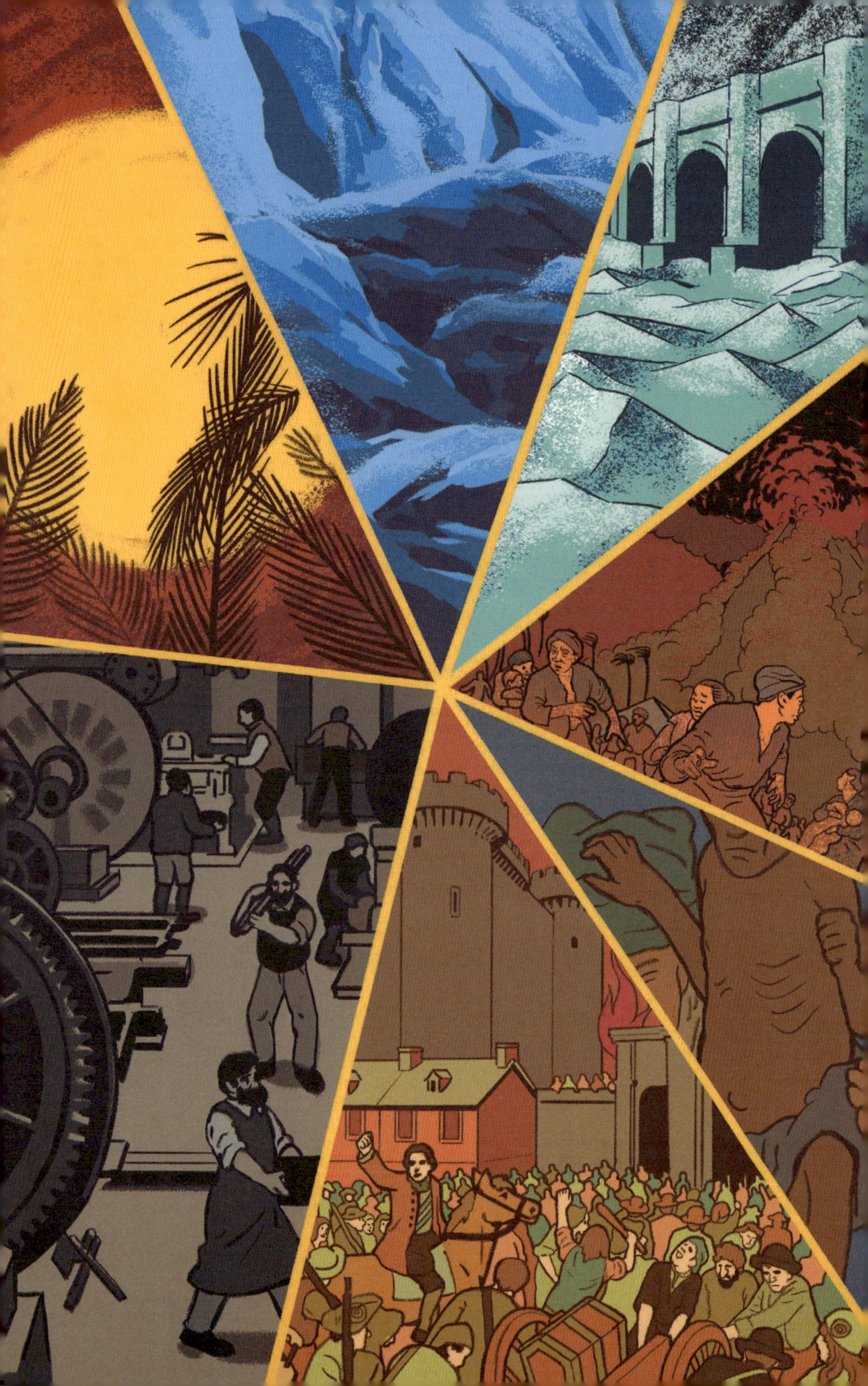

器，奔向巴士底狱，在暴动中获胜的民众点燃了革命的火种。人们不再像过去一样，被猎杀女巫等不合理的煽动左右，开始意识到自己的不幸是由不平等的社会体制造成的。他们发表了基于自由主义思想的法国《人权宣言》，推翻了封建制度。

始于法国的自由主义革命为始于英国的工业革命提供了指导。革命的成功爆发，得益于伽利略、开普勒、牛顿等科学家以及培根、笛卡儿等哲学家站在合理、理性的基础上创建的思想，经济学家亚当·斯密创建的新的经济体制，以及路德、加尔文等主导的宗教改革，这些都为革命奠定了良好的基础。

大加速时代

火山爆发会造成巨大的灾难。气溶胶引发的核冬天平均可以持续 3~4 年的时间，坦博拉火山爆发导致的核冬天则足足持续了 7 年之久。酸雨、日照率等由火山爆发导致的气候变化，给人类文明造成了无数负面的影响。但即便存在这样的危险，仍有 10% 的世界人口生活在活火山周围。这是为什么呢？

这是因为火山爆发后恢复原状的土地，吸收了火山灰中的钾和磷等成分，变成了肥沃的土壤。熔岩或泥石流经过的地方也在恢复原状后，成为被新的植被覆盖的沃土。在全世界掀起香料热潮的肉豆蔻，就是这些沃土中生长出的典型植物，它是火山带来的礼物。

火山周围的地热除了可以供暖和供电之外，还为人类提供了温泉。火山爆发还会形成新的岛屿，特别是在海底火山形成的地区，大多形成了美丽壮观的自然景观，成为天赐的观光胜地。在这里需要记住的是，我们不能用好坏来评价气候变化本身。

造成全球性危机的17世纪的小冰期成为变化的契机，使人类不再消极被动地接受环境带来的影响。在克服危机的过程中，农业技术得到革新，科学技术进步，工业领域实现了飞跃性发展。自由和平等的价值观得到传播，促进了民主的发展。人们开始从气候变化带来的危机中寻找新的突破口。化石燃料的使用和工业化给人类文明带来了前所未有的巨大变化。

在大历史中，我们把英国工业革命引发的工业化看作第十个转折点。小冰期的噩梦即将结束之时，随着蒸汽机的改良，化石燃料取代了木材燃料，从而开启了机械化时代的大门。此后，内燃机车和电力普及开来，形成了大规模的生产体系，通信技术发达，世界性的网络开始运转。

肉豆蔻

印度尼西亚的主要作物之一肉豆蔻是一种典型的香料，也是打响香料战争的导火索

计算机与因特网的出现，掀起了新一轮的数字革命，人类社会进入了以智能手机为中心的信息化时代。如今，人类社会已经朝人工智能与二氧化碳零排放的新能源时代进发。

历史学家阿诺德·约瑟夫·汤因比指出，人类文明无论大小，都是在成功挑战外部环境的过程中发展起来的，一旦失败，它就会衰落。也就是说，人类是在克服自身面

临的困难的过程中得到发展的。在应对小冰期出现的各种挑战中,人类实现了无法逆转的变化,至今算是处于防守的地位。

不过,工业化导致的世界的改变给人们带来了新的挑战。在农耕社会向工业社会转变的过程中,变化最大的是人口。人们大量涌向城市,那里医疗技术发达,上下水道等公共卫生和其他城市基础设施逐渐完备,死亡率降低,人口迅速增长。在不到200万年的时间里,世界人口达到了70亿。不过,在人口持续增长的同时,城市发展所需要的粮食、水和能源也在不断增加。与工业化开始之前相

世界人口与能源消费量变化

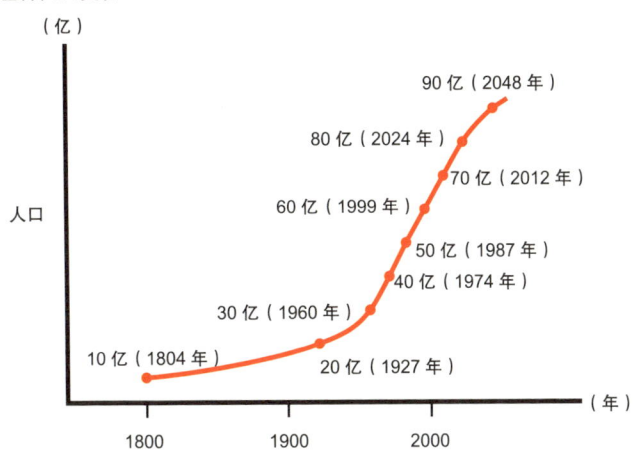

世界人口变化（亿）

人口

- 10亿（1804年）
- 20亿（1927年）
- 30亿（1960年）
- 40亿（1974年）
- 50亿（1987年）
- 60亿（1999年）
- 70亿（2012年）
- 80亿（2024年）
- 90亿（2048年）

（年）1800　1900　2000

世界能源消费量变化（单位：10^{18}J）

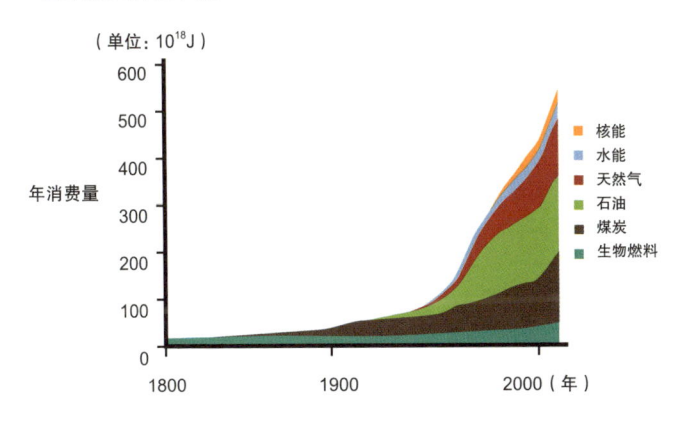

年消费量

- 核能
- 水能
- 天然气
- 石油
- 煤炭
- 生物燃料

1800　1900　2000（年）

全球人口在过去的200多年里增加了大约7倍，人均能源消费量增加了4倍左右，人类能源总消费量增加了约30倍，其中大部分是化石燃料

5　人类世与导火索　131

比，人均能源消耗量增加了 4 倍。考虑到人类总人口增加了约 7 倍，这说明整体消费量增加了大约 30 倍。

人类消耗的能源大部分依赖化石燃料，其余主要是核能、水能和天然气等。在进入工业化之前，人类的能源消耗量大体没有脱离生态循环。但工业化之后，人类消耗了地球上的大量能源，成为给整个生态系统带来巨大影响的物种。

1995 年，获得诺贝尔和平奖的荷兰化学家保罗·约瑟夫·克鲁岑将影响地球系统的人类力量超过了自然的时代称为"人类世"。克鲁岑使用该词，并不是单纯用于说明人类的地位登峰造极，而是警告人类进入人类世之后，二氧化碳和塑料的过量排放等消费导致地球正以前所未有的速度遭到破坏。人类的行为能够改变地球，所以为了与其他生命体共存，人类必须对自己的行为负责。

特别是从 19 世纪开始，人类大量使用化石燃料，导致影响地球大气的二氧化碳等温室气体的排放量快速增加。政府间气候变化专门委员会第五次报告指出，在工业化之后，受人类活动的影响，二氧化碳的浓度大约上升了 40%。2018 年，夏威夷的莫纳罗亚观测站观测到，大气中二氧化碳的浓度为百万分之 406.89。在过去的 100 年里，地球的平均气温上升了 0.85℃。这样的观测

世界国内生产总值与生物多样性损失率

世界国内生产总值

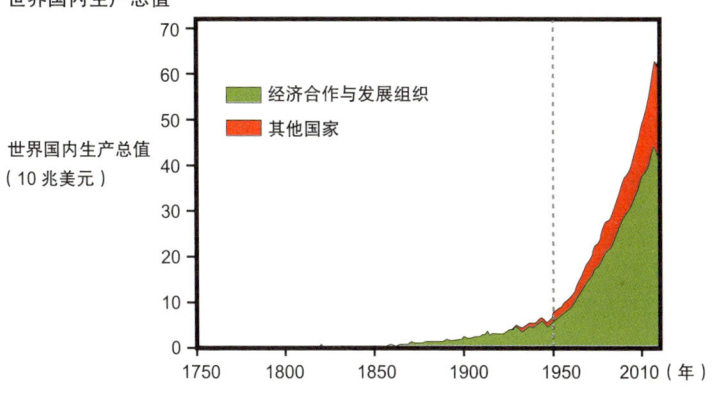

世界国内生产总值（10兆美元）

- 经济合作与发展组织
- 其他国家

生物多样性损失率

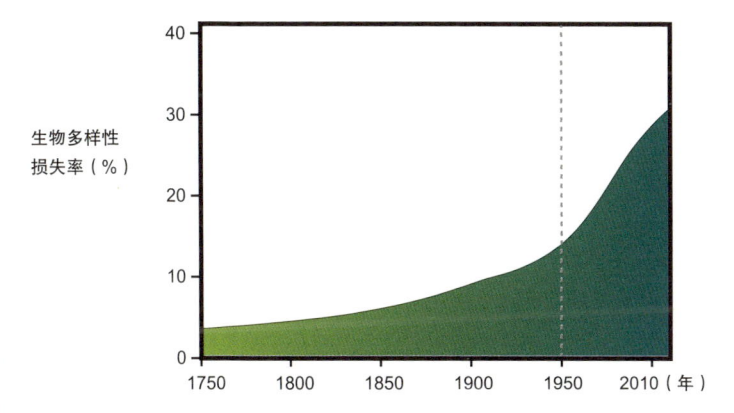

生物多样性损失率（%）

作为12项社会经济指标之一的世界国内生产总值与12项地球环境指标之一的生物多样性损失率从1950年开始快速上升

报告意味着自1850年全世界有气象观测以来，气温变化和二氧化碳排放量增加的速度已经超过了地球系统所能承受的程度。

瑞典和澳大利亚的气候变化研究小组研究了从工业化到2000年的社会经济指标与地球环境指标，结果显示，几乎所有指标都从1950年后开始剧增。人口增加与经济增长的速度越来越快，地球环境也因此快速发生变化。研究小组认为，从这一时间点开始，地球进入了"大加速时代"。特别是进入21世纪之后，人为制造的温室气体的排放增加量，达到了此前累计排放增加量的80%左右，可谓增速迅猛。人为的温室气体增加对全球变暖产生了强制性的影响，除了南极，其他地区的气温都有所上升。毋庸置疑，人类的行为导致了全球变暖。

前面我们分析了迄今为止人类历史上超出气候变动范畴的气候变化对人类文明所产生的影响。而现在，人类文明已经对气候变化产生了影响。气候变化的真正危险在于其不稳定性。我们经常看到气温异常、寒流、酷暑、火山爆发、地震、干旱、台风、海啸等灾害的相关新闻。在现代社会，异常气候造成的损失是1950年无法比拟的。文明越发展，人类在气候变化面前就越脆弱。

但更大的问题是，气候变化的结果需要时间来显现。

也就是说，我们现在排放的二氧化碳或垃圾，并不是造成当下所看到的全球变暖的原因。现在的现象是数十年前排放的温室气体造成的结果。也就是说，即便我们现在马上停止使用化石燃料或塑料，全球变暖现象依然会继续。人类文明正在朝人类世的末日迈进，但时间不停流逝，人类至今没有找到适当的对策。

拓展阅读

席卷朝鲜半岛的寒流

全球变暖的字面意思是温室效应导致地球的平均气温异常上升。我们经常在新闻中看到寒流袭击大城市，城市被冰封的江河和暴雪埋没的相关报道。无论是数十年来首次冰封的尼亚加拉大瀑布，还是席卷了美国东部的零下70℃的寒流，都让人不得不思考全球变暖造成的严重后果。

2018年年初，韩国遭遇了使海陆空交通陷入停滞的寒流。几乎不下雪的南部内陆地区和济州岛都下了数十厘米的暴雪，狂风肆虐，航空和海路交通全部中断。韩国气温降到零下10℃，首尔更是出现了零下24℃的历史最低点。

与此同时，相似的寒流在2010年之后一直反复出现。地球会停止变暖的脚步吗？答案是不会。席卷北半球的寒流仍然是全球变暖引起的气候变化中的一

席卷韩国及美国东部的北极寒流

2018年1月,席卷整个朝鲜半岛的北极寒流导致汉江冰封(上图),同年1月,席卷美洲的北极寒流导致尼亚加拉大瀑布冻结

环。地球上不同纬度的太阳能辐射量不同，所以在不同纬度有不同的能量差异，海洋与大气循环使能量守恒。在赤道与南北纬30°之间形成了哈得来环流，在中纬度到高纬度地区，形成了费雷尔环流与极地环流。在大气循环上部的对流层与平流层的边界，热带与寒带的极锋喷流自西向东水平流动。

其中，寒带的极锋喷流在北极上层形成旋涡，吸纳寒冷空气（北极寒流），起到将北极圈与中纬度的空气分离的作用。极地旋涡也被称为"北极寒流"，它周期性地发生强弱变化，在涛动的同时，还影响北半球的气候变化。极锋喷流变强时，北极涛动就画着圆圈在北极上空吸纳北极寒流；反之，当北极涛动位于负位相时，极锋喷流变弱，变得如蛇一样细长，此时北极寒流就会随着延伸的空间下降。影响朝鲜半岛与美国东部的北极寒流就是在极锋喷流变弱的情况下发生负位相的涛动形成的。

极锋喷流变弱的原因大体可以分为两个。第一，南北之间的温差越大，极锋喷流就越强，但地球的温室效应使北极气温升高,温差变小,极锋喷流变弱。第二,受正位相的涛动影响,极锋喷流被高海拔山脉周边的高气压阻挡而弯曲,变成负位相的涛动。这种现象被称为"阻挡",阻挡导致寒流比平时持续的时间更长。

  2018年,席卷美国与韩国的寒流就是因位于北美洲的落基山脉、位于亚洲的乌拉尔山脉及阿尔泰山脉的阻挡导致极锋喷流变弱,致使北极寒流南下导致的。

6

人类造成的全球变暖时代

位于南太平洋的岛国图瓦卢由 9 个岛屿组成，这里生活着约 1 万人，是世界第四小的国家。该国最高的地区海拔为 4~5 米，大部分地区的海拔只有 1 米多。目前，图瓦卢受全球变暖导致的海平面上升的影响，正面临被海水淹没的危险。虽然该岛不会在几年之内就被海水淹没，但盐水的流入导致农作物受害惨重，土壤侵蚀严重。眼下，温饱问题已成为该国非常迫切的现实问题。

令人遗憾的是，在这个小国家里，大部分人从事的是渔业、农业和旅游业，被当作全球变暖元凶的二氧化碳的排放量非常小。这里几乎没有工业，车辆不过 100 余辆。实际上，二氧化碳排放量最大的国家是引领世界经济发展的经济合作与发展组织的成员国。与导致全球变暖毫无关联的岛国图瓦卢却和造成全球变暖的国家一样承受着损失。

气候变暖造成的损失首先集中在边缘、弱小的贫困阶层以及依靠农业维持生活的社会弱势群体。气候变化产生的原因与其导致的结果之间存在时间间隔，大大小小的变化累积起来导致了连锁性的恶化。也就是说，气候变化带来的并不是眼前的威胁，而是一种逐渐达到高潮的渐进式危机。前面我们已经分析了气候变化对人类文明产生的影响。美国经济学家威廉·诺德豪斯强调了气候变化中爆发点的重要性。尽管是细微的差异，但一旦超过极限，看不见的危机就会暴露出来。潜藏的危机首先危害弱势群体，一旦超过极限，气候变化造成的损失将使整个人类文明陷入巨大的混乱，不分富人还是穷人，中心还是边缘阶层。

有一个"把大象放进冰箱里的方法"的幽默故事。在这个幽默故事里，人们引入了狭义相对论这一概念，提出可以缩短大象的长度，或者从遗传学的角度生出比冰箱小的大象等各种独特的解决方案，但答案就是"打开冰箱门，把大象放进去，再关上冰箱门"这么简单。这个答案并没有考虑"有没有能装得下大象的冰箱"这一前提条件，而只关注了行为本身。人类对于气候变化的反应也是如此。所以,我们能做些什么呢?为了有效应对全球变暖,我们在采取某种行动之前,最好先把握前提条件。也就是说,首先要了解全球变暖的原因,思考全球变暖对我们和整个生态系统会产生怎样的影响,然后一边适应气候变化,一边努力寻找解决方法。我们已经充分了解导致全球变暖的原因,接下来让我们进入下一个阶段。

全球变暖导致全世界进入紧急状态

从很久之前开始,就有很多研究探讨气候变化给人类带来的直接或间接影响。1988年,政府间气候变化专门委员会成立。1990年,政府间气候变化专门委员会发表了第一次报告,警告人们,由于人类排放的温室气体,全球变暖的速度越来越快。意识到危险的各国政府缔结了敦促减少温室气体排放量的《里约环境与发展宣言》。1997年,又签订了提出温室气体减排目标的《京都议定书》。

在2001年的第三次报告中,政府间气候变化专门委员会指出,如果现在的温室气体排放量继续维持,那么到2100年,地球的平均气温将会上升1.4℃~5.8℃,海平面将会上升1米左右。在美国,飓风卡特里娜侵袭新奥尔良州,造成了巨大损失,所以当时美国一些州的政府颁布了

《全球升温1.5℃特别报告》

根据2015年签署的《巴黎协定》，为保证2100年地球平均气温上升幅度不超过2℃，各国就减少温室气体排放量达成一致。此后，提出要将这个目标减少为1.5℃的呼声越来越高。2018年，在韩国仁川召开的政府间气候变化专门委员会大会上，通过了《全球升温1.5℃特别报告》

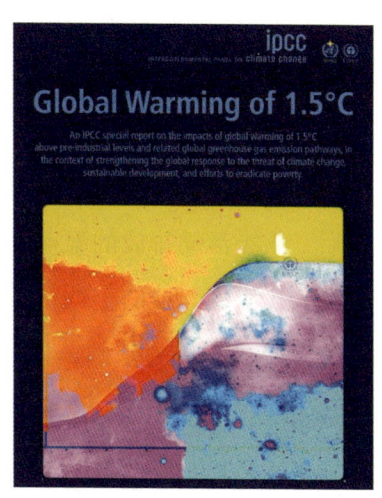

遵守《京都议定书》的温室气体减排计划。2007年，政府间气候变化专门委员会第四次报告发出了包括地球上的生物灭绝在内的更严重的警告。该报告指出，人类活动导致的二氧化碳排放量增加，加速了全球变暖。如果该现象持续发展，将会导致海平面上升，海洋循环发生变化，产生冰川解冻、海洋酸化等问题。而这些问题会进一步导致沿海城市和小型岛国的生存成为问题，粮食、水资源不足，海洋和淡水生态系统遭到破坏，森林损毁等全球性的危机。

2014年，政府间气候变化专门委员会发布了第五次报告，是由全世界80多个国家的830多名作者与3 000多名专家参与的评估报告。该报告以过去7年发表的约3万篇有关气候变化的观测记录和研究论文为基础，是非常值得信赖的研究报告。报告中明确指出，20世纪50年代以后，人类活动排放的温室气体量已经达到了数千年来的最高峰，由此导致的全球变暖给全世界造成了无法逆转的危机。以该报告为基础，为保证到2100年，全球平均气温与工业化之前相比，上升幅度不超过2℃，所有当事国都制定了减排目标，并达成了协定。2016年，在72个国家的努力下，该协定最终生效。

　　但也有人表示，第五次报告中将气温上升幅度定在2℃以内，如果结合海平面上升而面临被淹没危机的小型岛国的现状以及高纬度极地冰川融化的速度来看的话，这个温度并不能保证地球的安全。事实上，已有预测指出，即便报告书中提出的目标或《巴黎协定》中各国达成的温室气体减排计划得以实现，到2100年之后，地球的平均气温预计也会比工业化之前上升2.7℃。这还是在所有国家都遵守《巴黎协定》的理想状态下才会出现的结果。因此，尽管执行起来比较困难，但还是有必要将标准制定得更严苛一些。

毫无疑问，是人类导致了全球变暖

包括政府间气候变化专门委员会在内，各国都意识到了全球气候变化的严重性，寻找解决方案已是大势所趋。我们必须以具体的科学依据为基础，设定目标并认真执行。关于全球变暖的问题，留给我们可选择的时间已经不多了。为了人类可持续发展的未来，我们必须速下决断，并付诸实践。就像人类历史上消失的无数个文明一样，现代文明已经将全世界连接成了一个网络。我们必须铭记，全球变暖已经不是特定地区的气候危机，而是威胁人类整体生存的紧急事件。那么，当全球平均气温比工业化之前上升1.5℃时，地球将会发生怎样的变化呢？

1.5℃的危机与机遇

从2006年开始，人们观测了10年间地球平均气温的变化，结果显示，平均气温与工业化之后50年的平均气温相比上升了大约1℃。根据已经排放出的温室气体与目前的排放趋势可推测，10年后，地球温度将会上升0.2℃。

问题是，地球的平均温度上升幅度虽然看起来不大，但在北极和赤道附近地区，陆地比海洋的温度变化更大。通过新闻，我们可以看到，地球各地发生的极端天气是由数十年前排放的温室气体导致的，如果温室气体继续累积，那么气候系统将会在以后数百乃至数千年间发生长期

二氧化碳排放与辐射强迫减少引起的全球变暖变化

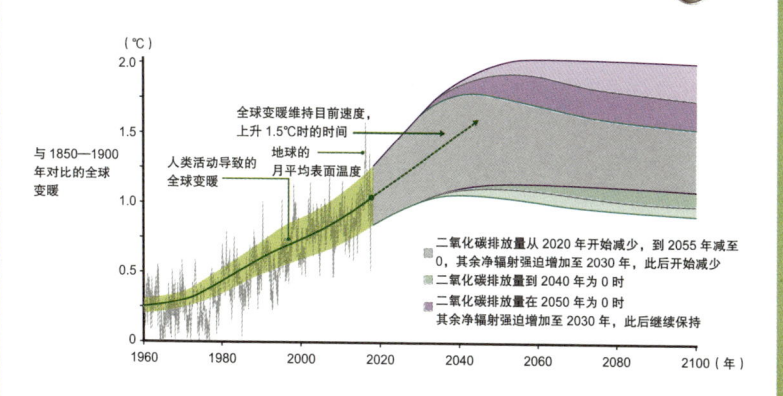

政府间气候变化专门委员会《全球升温 1.5℃特别报告》中收录了模拟二氧化碳累积排放量与其余净辐射强迫减少导致的全球变暖的变化程度得出的预测资料。二氧化碳排放量为 0 的时间节点到来得越快,同时其余辐射强迫越少的话,就越可能将全球变暖幅度控制在 1.5℃以内

性的变化。

报告显示,为了达成平均气温上升不超过 1.5℃的目标,人们所投入的费用和力度都会相应增加。如果到 2030 年二氧化碳排放量为 0,同时甲烷、黑炭等其他物质的辐射强迫减少的话,全球变暖将会进入数十年的停止状态。但如果以 2℃为目标,99% 以上的珊瑚将会遭到破坏,北极的冰将会每 10 年全部融化一次,永冻土层将会全部融化。

那么，如果达成了1.5℃的目标，危机就不会到来了吗？以人们生活的陆地为例，中纬度地区的极高温将会比现在高3℃以上，高纬度地区最冷时的气温将比现在高4.5℃左右。东亚和高山地带以及北美洲东部地区将会迎来暴雨或极度干旱。全球变暖导致的海平面上升，将会使我们像图瓦卢一样连对策都难以制定。海平面每上升0.1米，就会有约1 000万人遭受损失。即便达成了温室气体减排目标，如果不能阻止南极与格陵兰岛的冰川融化，那么未来海平面将会不可避免地上升0.26~0.77米。目前，约有1.5亿人生活在低洼地带与沿海三角洲地区，如果海平面上升，将会出现大规模的气候难民，不可避免地发生人口迁徙。

全球变暖加速了陆地物种的减少和灭绝，从而危及生态系统。占据北半球陆地24%的永冻土层也会融化。问题是，埋藏在永冻土层的植物和动物等有机物分解后，将会释放大量二氧化碳和甲烷，从而进一步加剧温室效应。

海水升温、酸度变高，海水温度会直接对海洋生态系统造成影响。研究结果显示，即使积极地减少温室气体排放，海洋温度也会上升1℃左右。届时，3%的热带地区的海洋及沿海地区的生物将会消失。此外，据说大多数物种为寻找合适的栖息地，平均每10年会向高纬度地区移动15千米。众所周知，韩国东海的冷水性鱼类明太鱼已经消失了。海洋生物的性别取决于水温或沙滩的温度。海龟孵化的时候，如果沙滩温度高，就会孵出雌性海龟，反之将会孵出雄性海龟。这意味着全球变暖导致温度上升的话，性别平衡也将被打破。

气候变暖还会给人类带来不小的影响。海洋生态系统的变化将会给依靠大海谋生的人们造成直接打击。渔业产量将会减少150万吨左右，干燥将会导致玉米、水稻等作物产量大大减少。气温升高，饲料的质量将会降低，家畜之间疾病传播的速度也会变快，从而蒙受损失。疟疾、登革热等与高温环境有关的疾病的感染率和死亡率都会大幅上升。目前，热浪导致的死亡率大幅上升，老人、婴幼儿、边缘阶层、贫困阶层等应对全球变暖时，都处在相对较弱的位置。

此外，平流层的臭氧层遭到破坏，大气中的气溶胶增加，森林遭到破坏，地表环境也会发生改变。此外，淡水等水资源的不足以及放射性物质和污染物等新物质会导致地球环境一直处于适宜人类生存的临界点。为了防止突破该临界点，我们必须将全球变暖幅度控制在1.5℃以下。如果气温上升2℃（原来制定的目标），那么冰川和永冻土层将会消失，人类将陷入无法收拾的危险之中。

工业化使人类文明像上了弦的发动机一样，获得了前所未有的复兴和飞跃。但文明的发展速度相对于地球系统可以维持稳定发展的速度来说太快了。如果不能调节该趋势，那么我们离人类世的尽头也就不远了。虽然目前还没有具体的数值，但我们通过变热的夏季、刺鼻的空气、大型山火和干旱、超级台风，已经感觉到了这一点。我们都知道一定是哪里出了问题，但为什么我们在直面周围的威胁时，不能像过去那样在应对困难之前就找到突破口，做好应对呢？

应对大风险的态度

德国社会学家乌尔里希·贝克认为，我们现在生活的世界是成功的工业化打造的危险的世界。他认为，左右人类命运的巨大危险已经出现，而目前最大的问题是造成该危险的原因和解决方案都不明确。气候变化就是他所说的典型的巨大危险。气候变化导致的巨大危险是波及整个地球的史无前例的事件。德国医学和社会学家雷恩与克莱恩指出了从全球体系的危险中发现的四个特征。从他们的主张中，我们可以看出气候变化难以应对的理由。他们主张的四种特征如下。

第一是复杂性。理解全球系统的危险本身就很复杂。这不像酷暑持续会导致干旱那样，原因和结果都非常直观,更重要的是干旱会导致粮食危机、经济危机、国家崩溃、大迁移等连锁性的次生灾害和其他间接灾难,而理解这些错综复杂的关系并不是一件易事。

第二是不确定性。这意味着我们很难采取行动,因为对于某些结果,我们还没有明确的解决方案。

第三是模糊性。判断气候变化的影响的标准不足,争论不断,我们只能对某些判断持保留意见。

第四是时间间隔。气候变化的原因和结果之间的时间间隔较大。我们现在所面临的气候危机是由几十年前产生的温室气体造成的,即便我们现在立刻采取一些措施,其结果也只能在数年乃至数十年之后才能显现出来。这些因素会让我们对气候变化做出判断和行动时犹豫不决。

读懂并了解这种复杂性和模糊性需要时间。乌尔里希·贝克如此解释为什么我们应对气候变化的行为有所迟缓。他认为,有关气候变化的言论,大部分是专家在象牙塔里发表的,这就导致这些言论没有考虑一般大众的认识或看法。对于一般大众来说,环境和社会的概念在一定程度上是相互分离的,但气候变化是以环境和社会结合为前提的。

贝克认为,我们需要了解气候变化对社会不平等产生的影响。因为最贫穷、最弱势的阶层,本应承担最少的责任,但他们反而处在了全球变暖导致的危险的最前端。图瓦卢等小国在剧变的环境中，做出了承受社会崩溃、失去生活家园的牺牲。但是，不平等总有一定的限度。随着危险指数变大，无论什么阶层或身份都会暴露在危险之中。如果我们不能团结起来，就会一起走向毁灭。因此，为了应对气候变化，我们必须相互认可彼此的价值观，共担痛苦，携手合作。

2万年前，末次冰期的温度比现在低4℃左右，当时地球的生态系统与现在完全不一样。也就是说，在气温上升4℃的过程中，形成了现在我们生活的地球环境。如果在此基础上再上升2℃呢？那就会出现任何人都没有体验过的新环境。虽然21世纪不会发生这样的事，但可以确定的是，这一天正离我们越来越近。如果这一天到来，那么人类世将会因气候变化而迎来最后一幕。

我们知道

到目前为止，我们分析了从地球诞生到现在，以及即将到来的2100年，气候变化产生了以及将会产生怎样的影响。地球经过数十亿年，不断积累"巧合"，最终成为生命的家园。地球总是在适当的位置接受着太阳光的照射，海洋和陆地板块在地幔上移动，能源通过大气与海洋循环被输送至地球各地。由此出现了气候变化，冰期与间

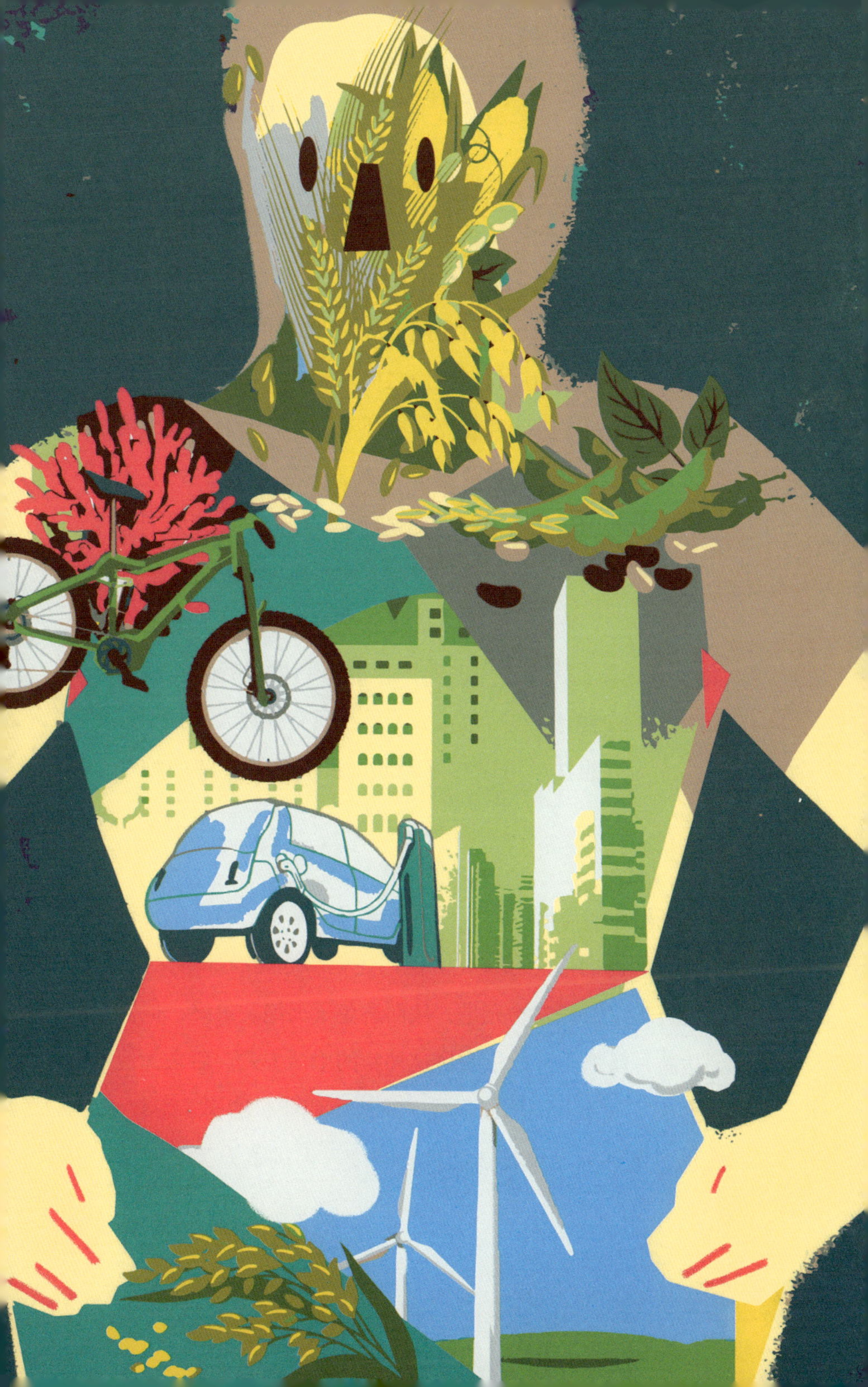

冰期反复，从而改变了地球环境。为适应变化无常的地球环境，生命逐渐变得复杂多样，甚至在深海热液喷口、活火山、冰封的冰川中都有生命体存在。

超级火山爆发与小行星撞击等巨大的冲击及其余波导致无数生命灭绝和进化，生命之树不断长出新的枝干。巨大的恐龙只留下脚印和骨骼化石便消失了，而后出现了灵长类。非洲茂密的森林变成了大草原，某一天，一群类人猿从树上下来，开始用双脚直立行走。他们使用工具，开动脑筋，克服了身体条件的限制，为了生存不断进化。随着寒冷与干旱来临，草原变成了沙漠，食物短缺，他们开始离开生活了数百万年的非洲，散布到世界各地。被归类为智人的他们在经历数次灭绝后，只有少数人得到了进化，成为有想法、可以相互沟通、过着集体生活的物种之一。

在寒冷的冰期，智人以集体学习为基础，向后代传授生存所必需的信息和文化。他们还能与远处的部落交流，发展技术以保证食物充足，从而避免了灭绝。最终，他们到达新月沃地，开始了农耕这种新的生活方式。后来，他们形成了城市共同体，形成了阶级、职业、法律、宗教、战争、贸易等各种复杂的社会制度，促进了人类文明的发展。

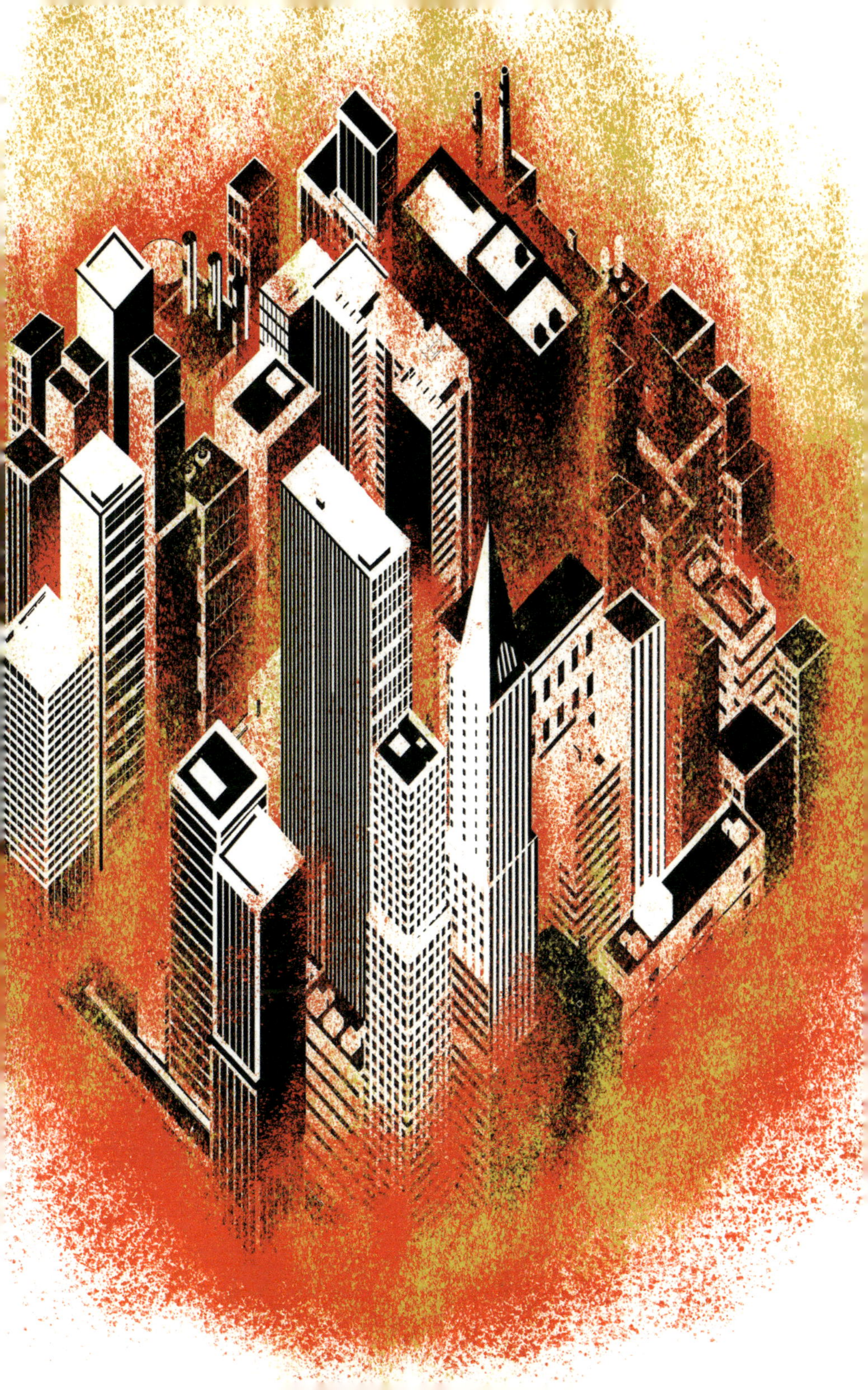

人类也在漫长的岁月里不断适应环境变化，寻找生存方法。在地球气候最稳定的全新世时期，地球气候数千年间几乎没有发生任何巨大的变化，但以数百年为时间单位来看的话，地球气候经历了约2℃的变化。无数文明经历了兴亡盛衰。繁荣千年的文明也会因长久的干旱和火山爆发引起的气候变化而走向没落。

大约200年前，人类开始不再使用木材，而是开采化石燃料当作能源。从此，人类开始运转大型机械和工厂，乘坐船、火车、汽车、飞机等交通工具，构建了一天之内就可以到达地球任何角落的网络。人口急剧增加，人类的技术达到了能够创造新生命的水平。不知何时，人类的影响力已经大到可以改变整个地球系统的程度，人类的好奇心也从地球延伸到宇宙。但在这个过程中，我们也因人类活动而不得不面对地球正在发生的气候变化。

研究气候的专家们都有相同的见解。他们认为，全球性的气候变化速度将会越来越快，并对所有人造成同等的灾难和损失，各种原因相互产生协同效应，形成连锁式的爆发性破坏力。虽然他们发表了具体数值和预计可能出现的损失的程度，但我们还是会产生一些想法，比如："全球变暖会导致什么样的问题？""目前应该不会对我生活的地方造成影响吧？""会对我和我的家人造成直接的损失吗？"又会得出一些自嘲式的结论，比如："只凭我一人的力量，又能改变些什么呢？"一项关于不立即应对气候变化的理由的问卷调查结果显示，大多数人认为，"比起个人，政府和企业应该先采取行动"，或者"我不知道自己能做些什么"，又或者"细微的行动好像不能改变全球变暖的大趋势"，也有人认为应对持续的气候变化的费用会很多。是的，大家都知道有问题，但却不知道自己能做些什么，这些借口才是根本原因。前面我们探讨了从地球诞生到现在，生命体在适应环境变化的过程中不断进化并得以生存的过程。人类的DNA中铭记着适合生存的变通能力与适应能力。

最后还有一点要说，那就是任何人都没有全新的应对气候变化的解决方案。当草原突然呈现在我们眼前时，大部分人都会感到心里很舒服。《人类简史》的作者尤瓦尔·赫拉利表示，人之所以会产生这样的感觉，是因为人类祖先曾在非洲草原长久生活的记忆留在了人类的DNA里。这真是一种既浪漫又珍贵的看法。我们身上有与自然和其他生命体和谐共处、珍视艰难获得的资源的生存本能。认同我们本来就是这样的存在，意味着我们要承受日常生活中的不便，即便它的成本会更高，我们也要朝着将温室气体排放量降为零的方向迈出第一步。

我们目前能做的就是乘坐公共交通工具，减少使用一次性用品，节约能源，减少垃圾排放。政府应限制使用化石燃料的工厂和年代较久的车辆的温室气体排放量，把清洁能源当作主要能源。另外，除了制订一般的温室气体减排计划外，全世界各国还应通过合作，共同制订更为具体的计划，并付诸实践。不能一味认为国家之间的合作比较模糊，政府的政策不够明确，个人行动不起什么作用。希望大家都能再次深入地思考气候为何发生变化，气候变化会产生怎样的影响。如果理解了这一点，那么即便个人的力量在气候变化面前非常微弱，我们也会产生继续坚持下去的动力。

拓展阅读

雾霾与无法忽视的真相

伦敦烟雾事件是指1952年在伦敦发生的历史上最严重的雾霾现象，它使整个世界受到了冲击。在工业化时代，工厂煤烟形成的污染物质混入雾气中，使伦敦雾霾天气频发。当时，伦敦的大气循环处于停滞状态，雾气变得更加浓厚，能见度不足1米。城市陷入瘫痪，人们饱受各种呼吸系统问题的折磨。当时，英国有超过1.2万人因肺部疾病和呼吸障碍失去了生命。4年后的1956年，英国议会为避免类似现象再次发生，制定了《清洁空气法案》。伦敦烟雾事件使很多人开始意识到雾霾的危害，也点燃了环境保护运动的火种。

2019年春天，严重的雾霾笼罩了朝鲜半岛。寒冷消退，气温上升，颗粒物（包括细颗粒物）浓度糟糕到了极点。当时，韩国推行了一个持续几周的减少颗粒物的措施。该措施在2018年一年里施行了七八次，而在2019年开年仅两个月的时间里，包含预施行在内，共施行了14次。但雾霾已经不再是一次性的问题了，其原因也难以被归为一种，需要从多角度正确认识、研究并制定对策。

那么，接下来让我们一起来看一下被称为"隐秘的杀手""看不见的敌人"的颗粒物的故事。在维基百科中，从颗粒物的含义、产生原因、成分、预防及对策等角度，对它做了如下解释：

"颗粒物是指肉眼看不到的粒子非常小的灰尘。它是包括二氧化硫、氮氧化物、铅、臭氧、一氧化碳等在内的大气污染物，主要因汽车尾气和工厂产生。长时间浮在大气中的直径小于等于10微米的颗粒物，也被称为PM10（可吸入颗粒物）。直径小于等于2.5微米的被称为PM2.5（细颗粒物）。在学术上，也称之为'气溶胶'。颗粒物也被称为浮尘等，不同的名称有略微的差异。颗粒物包括直径10微米～100微米的物质，若大于这个直径，则会受重力影响，附着在大气中的时间很短。"

也就是说，颗粒物是指直径小于等于10微米的小颗粒，细颗粒物是指直径小于等于2.5微米的小颗粒。那么，10微米大概是多少呢？1微米是1毫米的千分之一。人的头发直径一般是70微米，也就是说，颗粒物相当于头发厚度的七分之一，而细颗粒物则相当于头发厚度的三十分之一。粒子越小，就越难以用肉眼加以区分，所以也就越难阻止其进入体内。

被重金属污染的细颗粒物进入人体后，会通过毛细血管进入大脑和心脏，给人体带来致命的影响。如果细颗粒物在身体里越积越多，免疫系统就会出现异常。重金属还会加剧皮肤过敏。某项研究结果预测，韩国首都圈将会有2万多人因此提前死亡，有80多万人会罹患肺部相关的疾病。目前，韩国也意识到细颗粒物的严重性，开始单独测定其数值，并向民众发布。2013年，世界卫生组织下属国际癌症研究中心指定的一级致癌物质就是细颗粒物。但人们对细颗粒物就是致癌物质的认识还很不足，政府机关也没有相应的对策。实际上，大部分地区细颗粒物的浓度数值自2012年起一直呈上升趋势，舆论报道越来越多，人们的警惕心也越来越强。

1995年，韩国制定了有关PM10的环境标准，但有关PM2.5的环境标准相对落后于其他发达国家。2013年10月，韩国宣告立法，2015年制定了将PM10和PM2.5定为颗粒物的标准。韩国原本只针对臭氧进行大气污染警报，现在增加了对颗粒物（PM10和PM2.5）的预警。

　　美国于1971年制定了环境标准，1987年将环境标准改定为PM10。1997年追加了PM2.5的数值，该数值比世界卫生组织制定的标准值高1.4~3倍。欧洲各国也分别制定了各自的数值标准，比世界卫生组织的标准值高1~2.5倍。日本于1972年制定了环境标准，但没有制定PM10的标准，采用的是悬浮颗粒物（SPM）标准。2009年，日本设定了有关PM2.5的标准。

　　世界卫生组织建议的颗粒物标准为每立方米20微米，而韩国首都圈的大气质量已经超过该数值2倍。颗粒物导致越来越多的人寿命变短。据推测，韩国是经济合作与发展组织成员国中因空气污染经济损失最惨重的国家。早期死亡率升高意味着国家要承担

更多的社会费用。因此，为改善大气环境，政府和民众都需要快速做出应对。

韩国环境部制定了2014—2024年第二次首都圈大气环境管理对策，旨在将首都圈的颗粒物降低45%，微细颗粒物降低34%。为了降低颗粒物含量，需要进行国际合作，也需要管控韩国国内的污染源。

目前迫切需要对颗粒物进行更多的研究并提出相关对策。只有深入研究，才能想出对策。国家和地方自治团体必须有应对颗粒物的政策，各个领域也要优先做出努力。此外，为应对全世界共同的环境问题——颗粒物，各国应该以科学的根据为基础，相互合作，寻找解决办法。

从大历史的观点看"气候与人类历史"

"意大利沿海城市突降橙子般大小的冰雹"

"法国6月白天最高气温45.9℃,杀人酷暑"

"夏天即将来临的朝鲜半岛,5月又降暴雪"

"阿拉斯加遭遇史上最严酷的高温天气"

"50多场龙卷风一夜间强袭美国中部"

"非洲南部大草原上的巨大猴面包树接连死亡"

上述这些好像只能在电影中才能看到的场景,现在正不断出现在世界各地。韩国已经不使用气候异变,而使用"气候乱变"这一词语来形容气候的变化,我们赖以生存的家园正在不停地刷新纪录。世界气象组织发表的《2018年全球气候状况声明》中指出,2018年一年,全世界约有6 200万人因气候变化而蒙受损失。海水温度达到了有史以来的最高值，海水酸化，氧饱和度降低。冰川融化，北极冰以肉眼可见的速度不断减少。遭遇洪灾的人大约有3 500万，遭遇旱灾的人大约有900万，特别是干旱导致粮食供应不足，给人类造成了致命威胁。世界各地都出现了气候异变，被迫离开生存之地的人达到200万。即便从现阶段来看，气候变化也正在给人类造成巨大的影响。

造成气候变化的决定性因素是大气中的二氧化碳浓度达到了历史最高值。我们使用的化石燃料排放的温室气体，数十年间停留在地球大气中，使地球温度逐渐升高。人类无法预测自己的行为将导致什么样的结果，以至于只好被绑在不断加速的文明车轮上发出叹息。虽然已经有人对此发出了警告，但人类始终没有找到明确的解决方案。还有一些人对这些现象持消极态度，他们认为，即便自己什么都不做，科学和技术也会解决这些问题，因此安逸度日。

事实上，气候变化非常复杂，不确定性也很大，所以很难找到正确的解决方案。越是复杂的问题，越需要经过系统的解决步骤。因此，我们前面谈论的气候与人类历史的相关内容可被概括为五个阶段的问题解决过程，即"设定目标—确定事实—定义问题—提出解决方案—行动与计划"。

第一个阶段是设定目标。我们不希望人类文明因气候变化导致的危机而陷入困境。我们需要制定能够解决危机的方案，使艰难发展起来的人类文明能够有一个可持续发展的未来。

第二个阶段是确定事实。运用目前的科学知识和技术，分析造成气候变化的原因。自1万年前人类开始农耕生活以来，不同于其他动植物，人类并没有单纯地依赖环境生存，而是积极地利用环境，以便获得自己需要的能源。在这一过程中，人类积累了天气与气候是怎样影响动植物生态的相关信息。人类发现了导致气候变化的原因与结果的物理和化学原理。气候变化最核心的因素是太阳能。科学家在研究化石与古生物的过程中，积累了有关气候的信息，发现了天文学方面的因素，从而揭示了影响气候的宏观因素。

最典型的例子是米兰科维奇理论。公转轨道偏心率的差异、自转轴倾斜角的变化、自转轴的方向变化等使得到达地球的太阳能不同，从而导致气候变化。这些变化具有一定的周期性，可从宏观的角度预测地球气候将会发生怎样的变化。由于我们难以直接感知类似的宇宙层面的原因，因此这就相当于最基本的先决条件。除了地球的自然运动外，大陆分布、洋流的流向、太阳黑子的变化以及火山爆发等，都是气候变化的主要因素。

地球的平均气温或地理位置引起的气压差、海水温度、海平面高度等细微的数值变化，都会影响地球环境。气温仅上升1℃~2℃，就有冰期与间冰期之差别。气压的分布改变了大陆的气候，气温与气压造就了沙漠、丛林、冻原等不同的植被。此外，仅0.5℃~1℃的海水温度变化，就会造成厄尔尼诺现象与拉尼娜现象，连接太平洋与大西洋之间的大洋传送带一旦运转失常，就会造成像新仙女木事件一样的小冰期。此外，冰川融化或扩张导致的海平面高度的变化，会改变海洋的生态环境与人类的居住领域。小行星撞击与大规模的火山爆发会造成核冬天等极端的气候变化。

但是，地球的气温从18世纪以后开始急剧上升，主要是由化石燃料产生的温室气体造成的。地球化学家大卫·基林测定了二氧化碳的浓度变化，发现了年度变化规律。他持续测量了40年间二氧化碳浓度和上升的气温，才发现它们之间的相互关系。仅占大气1%左右的温室气体使全球变暖，特别是工业化以后，比起自然产生的温室气体，人为增加的温室气体正在加速全球变暖。

第三个阶段是定义问题。我们必须了解气候变化会带来怎样的危机。要想正确理解这个问题，需要回顾气候变化对人类历史产生了怎样的影响。大约1.3万年前，因气候突然变冷导致的新仙女木事件之后，地球的气温呈普遍上升趋势，年平均气温以15℃为基准，气候适宜期和小冰期交替出现。气候适宜期时，气候温暖，降水量充沛，植被繁盛，粮食供给稳定，人口增加，文明繁荣。无论是早期文明开始萌芽的时期，还是丝绸之路与海路形成巨大的贸易网络的时期，又或者是罗马帝国的疆域最辽阔的时期，都处于气候适宜期。

反之，火山爆发与洋流的变化导致地球进入小冰期时，粮食产量下降，人口减少，引发大规模的人类迁徙。规模越大的文明越脆弱，越会快速衰落。公元前2000年前后，古代文明衰落，围绕着地中海霸权争端不断的时期，以及玛雅文明衰落的时期，都可以观测到气候的变化。一般在文明衰落的时期，都会毫无例外地发现有关极端干旱与歉收的记载。

我们应关注极端的气候变化导致文明衰退的时期，找出现在正发生在我们周边的问题。在繁荣时期壮大起来的国家，一旦遇到不适宜生存的环境，就会遭受粮食短缺、社会动荡、政治体制崩溃等一系列磨难。持续的环境灾难会使社会丧失理性，使整个社会陷入猎杀女巫等集体疯狂之中。穷人与富人之间的矛盾不断加深，在饥饿中挣扎的人们对统治阶层产生不信任，并掀起暴动和叛乱，使以往的体系崩溃或消亡，整个社会发生剧变。在该过程中，为了维持生存，人们只好离开被死亡笼罩的家园，开始大规模迁移。由此，气候变化给人类文明的兴亡盛衰带来了大大小小的影响。那么，我们现在面临的气候危机到底是怎样的呢？

值得注意的是，整体的气温上升、温暖湿润的气候适宜期，与平均气温下降、降水量减少的小冰期有不同的气候变化。直到17世纪，小冰期带来的漫长的寒冷，使整个欧洲处于冰冻状态，并引发了社会变动。廉价的煤炭取代短缺的木材，成为主要燃料，使用蒸汽机的工厂越来越多，人类文明从农耕社会向工业社会转变。工业化以资本主义为基础，实现了飞跃性发展，这意味着坚固的封建制度崩溃，社会制度转向自由主义与民主主义。

但是，飞速发展的时代也产生了新的问题。以大城市为中心快速增加的人口，需要消耗更多的粮食、水和能源。人类消耗的能源给地球生态系统带来越来越大的影响，该时期被称为"人类世"。生活在人类世的我们享受技术带来的惊人便利与文明的果实，但另一方面，地球环境也以前所未有的速度遭到破坏。其中，气温异常上升，气候异变频繁，全世界人口密度剧增，问题越来越严重。洪水、台风、酷暑、干旱所到之处，都会造成天文数字般的损失。

问题就在这里。全球变暖引发的气候变化可能会导致人类文明更加脆弱。气候变化带来的问题不是单一的，而是一个错综复杂的问题。仅凭一般人的常识很难把握其本质。所以全世界各个领域的专家聚集在一起，以目前积累的观测记录与研究为基础，制作了研究报告。联合国政府间气候变化专门委员会警告人们，一旦全球变暖持续下去，将会导致海平面上升、海洋循环发生变化、冰川融化、海洋酸化等各种问题。这些问题会导致粮食和水资源不足、生态系统遭到破坏、森林遭到破坏等各种严峻的问题。

第四个阶段是提出解决方案。那么，为了使我们今天的文明不像玛雅文明与维京文明一样消失在地球上，我们应该做些什么呢？解决方案必须简明扼要，让人一下子就能记住。政府间气候变化专门委员会报告中指出，"到2100年，如果把全球变暖的温度控制在1.5℃以内，就能最小限度地阻止人类直面无法控制的危险"。既定目标2℃会导致大量气候难民出现，无法阻止冰川和永冻土层的消失；如果把目标定为1.5℃，那就还有阻止最恶劣的状况发生的可能。为了实现1.5℃的目标，到2030年，全世界的二氧化碳排放量就需要降为0，还需要减少甲烷、黑炭等其他温室气体的排放量。当然，即便能够实现这一目标，已经排放的温室气体还会持续引起全球变暖。不过，至少人类世不会像恐龙灭绝那样，成为地球历史上的一幕。

最后一个阶段是行动与计划。全球变暖造成的威胁巨大，还会造成一系列的爆炸性破坏。这些破坏不分穷人和富人，会同时影响地球的多个方面。世界各国政府都在携手制订温室气体减排计划，限制温室气体排放量，寻找替代性能源。此外，各个国家的人应该从日常生活中开始努力。我们应尽量忍受日常生活中的不便，乘坐公共交通工具，减少一次性用品等垃圾的排放量。我们还应减少能源消耗，保护森林。细小的行动变化积攒起来，才能一步步地走下去。

  人类了解到全球变暖这一让人感觉不舒适的问题，其实没有太长时间。从北极熊快要没有立足之地这个事实，到越来越频发的雾霾现象，我们目前还没有完全掌握全球变暖这一气候变化将会带来怎样的问题。但我们须知，我们无时无刻不受环境的影响。人类的 DNA 中有共存、合作的生存本能，人类将在克服这一危机的过程中迎来第十一个转折点。